CALLWEY

KOCHEN IST *easy*

FOTOGRAFIE JUNI
FOODSTYLING SANDRA SCHUMANN

JIMI BLUE OCHSENKNECHT

KOCHEN IST *easy*

REZEPTE AUS DEM WAHREN LEBEN

CALLWEY

INHALT

Seite 72

FAMILY & FRIENDS

Seite 112

COOK & IMPRESS

Hätte mir jemand vor ein paar Jahren erzählt, dass ich einmal ein Kochbuch schreiben würde, hätte ich ihm das nicht geglaubt. Doch ich koche wirklich für mein Leben gern. Wenn ich Musik mache oder einen Film drehe, dauert es ja oft Monate, bis man das Ergebnis sieht oder hört. Beim Kochen geht das schneller.

Als ich noch ein Kind war, haben wir immer gemeinsam gekocht, und ich durfte meinen Eltern helfen und alles probieren. Darum bin ich wahrscheinlich auch so groß geworden ... Später habe ich dann für mich oder Kumpels gekocht. Mal ein richtig großes Dinner, mal auch nur eine Kleinigkeit, die man beim Fernsehen snackt. Natürlich stand ich auch schon für Freundinnen in der Küche – und sogar für deren Eltern. Eigentlich ja der absolute Stress, denn man will unbedingt beeindrucken, und nichts darf schiefgehen. Aber ich habe gelernt, dass das mit den richtigen Rezepten im Grunde kein Problem ist.
Wenn ich in einem Restaurant etwas Leckeres gegessen habe, dann habe ich mich manchmal nicht getraut, es nachzukochen, bis ich gemerkt habe, dass manches viel einfacher ist, als man denkt. Man muss sich nur rantrauen!
All diese Erfahrungen haben mich diese Rezepte aussuchen lassen, die ihr hier findet. Und was natürlich nicht fehlen darf, sind meine persönlichen Geheimtipps für Tage, an denen ich mich besonders konzentrieren oder körperlich fit sein muss ... oder auch mal zu lang gefeiert habe. Soll ja vorkommen. Dadurch, dass ich viel reise, habe ich auch Rezepte aus anderen Ländern aufgenommen – wir gehen also gemeinsam auf eine kulinarische Reise.

Ich bin wirklich froh, dass ich dieses Projekt und damit einen Traum verwirklichen konnte. Und ein großes Dankeschön geht natürlich an euch, weil ihr dieses Buch gekauft habt. Das freut mich sehr, und ich hoffe, ich kann euch mit meinen Rezepten und Tipps fürs Kochen begeistern und hilfreiche Anregungen liefern.
Ihr könnt mir sehr gern von euren Kocherfahrungen schreiben oder die Gerichte bei Instagram oder Facebook posten und mich verlinken.

Ich bin sehr gespannt, wie es euch schmeckt. Guten Appetit!

EUER JIMI

QUICK & HEALTHY

OFT HAT MAN JA NICHT VIEL ZEIT ZU KOCHEN. STRESS IM JOB, SCHULE, STUDIUM KENNT JEDER. DA IST DIE VERSUCHUNG GROß, SCHNELL MAL ZU FAST FOOD ZU GREIFEN. ABER FÜR MICH IST DAS KEINE LÖSUNG. DAS EIN ODER ANDERE SCHMECKT ZWAR VIELLEICHT GANZ GUT, IST ABER DOCH MEIST ZIEMLICH UNGESUND UND ENTHÄLT ZU VIEL FETT UND ZUCKER. MIT DEN FOLGENDEN GERICHTEN ZAUBERT IHR GANZ SCHNELL UND EINFACH LECKERE GERICHTE, DIE NOCH DAZU GESUND SIND.

FÜR 2 PERSONEN

ROTE ZORA

ROTE-BETE-APFEL-SALAT MIT ZIEGENKÄSE

und karamellisierten Walnüssen

WENN ES DRAUSSEN SO RICHTIG WARM IST, HAT MAN JA OFT KEINE LUST AUF SCHWERE KOST, EIN GROSSES STÜCK FLEISCH ODER KARTOFFELN. DA IST DIESER FRISCHE UND SCHNELL ZUBEREITETE SALAT DANN GENAU DAS RICHTIGE. DER ZIEGENKÄSE MACHT DAS GANZE NOCH ETWAS GEHALTVOLLER, UND DIE WALNÜSSE BRINGEN EINEN SCHÖN KNACKIGEN BISS.

V

VEGETARISCH

FÜR DAS DRESSING:

- 50 ML WALNUSSÖL
- 15 ML APFELESSIG
- ½ TL ZUCKER
- 1 TL HONIG
- 1 TL DIJON-SENF
- 25 ML WASSER
- 5 ML ZITRONENSAFT
- SALZ UND PFEFFER

FÜR DEN SALAT:

- 2 ROHE ROTE BETE
- 1 APFEL (BRAEBURN)
- 10 G ZUCKER
- 1 HANDVOLL WALNUSSKERNE
- 3 TALER ZIEGENFRISCHKÄSE (Z. B. PICANDOU)
- 1 EL OLIVENÖL
- SCHNITTLAUCHRÖLLCHEN NACH BELIEBEN

1 Alle Zutaten für das Dressing in eine Schüssel geben und gut verrühren, bis sich der Zucker aufgelöst hat und die Flüssigkeiten sich verbinden. Danach das Dressing beiseitestellen.

2 Für den Salat als Erstes die Roten Beten mit einem Sparschäler schälen. Dazu Küchenhandschuhe anziehen, denn die Knollen färben stark! Anschließend mit einem Hobel in ca. 2 mm dicke Scheiben schneiden und in eine Schüssel legen. Die Rote-Bete-Scheiben sofort mit dem Dressing marinieren, etwas durchkneten und ziehen lassen.

3 Dann den Apfel waschen, vierteln und entkernen und ebenfalls in dünne Scheiben hobeln. Zu der Roten Bete geben und gut vermischen, damit der Apfel nicht braun wird (oxidiert).

4 Jetzt den Zucker in eine beschichtete Pfanne ohne Fett streuen und die Walnüsse darauflegen. Warten, bis der Zucker sich auflöst und zu karamellisieren beginnt. Dann die Nüsse mit einem Holzlöffel unterrühren, sodass sie gleichmäßig vom karamellisierten Zucker umschlossen werden. Vorsicht: Sobald der Zucker anfängt zu schmelzen, wird er schnell braun. Er darf auf keinen Fall schwarz werden, denn dann entstehen Bitterstoffe. Die karamellisierten Nüsse anschließend auf einen Teller geben und auskühlen lassen.

5 Den Backofen auf 100 Grad Umluft vorheizen. Nun den Ziegenkäse in 2 x 2 cm große Würfel schneiden und auf eine ofenfeste Platte legen. Mit dem Olivenöl beträufeln und ca. 3 Minuten in den Ofen stellen, sodass der Käse anfängt zu schmelzen.

6 Den Rote-Bete-Apfel-Salat auf flachen Tellern anrichten. Den Ziegenkäse darauf verteilen und abschließend die Walnüsse darauflegen. Eventuell noch mit Schnittlauchröllchen garnieren.

Durch die Säure des Dressings gart die Rote Bete und wird etwas weicher in der Struktur, behält dabei aber ihren Biss.

SAUER MACHT LUSTIG

GERIEBENER KAROTTENSALAT

mit frischer Zitrone

FÜR 3 PERSONEN

KINDHEIT! MEINE MUTTER HAT DEN SALAT FRÜHER IMMER GEMACHT. DER MUSS ABER RICHTIG DURCHZIEHEN, DARUM STAND ER OFT LÄNGER IN DER KÜCHE. MEIST HATTEN WIR VOR DEM ESSEN SCHON SO VIEL DAVON GENASCHT, DASS ZUM ABENDBROT KAUM MEHR ETWAS ÜBRIG WAR. DER SALAT IST SUPER ALS BEILAGE, ODER WENN MAN VERKATERT IST. DIE FRISCHE ZITRONE LIEFERT VIEL VITAMIN C FÜR DEN TAG!

V

VEGAN

- 5 KAROTTEN
- 1-2 ZITRONEN
- 2 PRISEN SALZ
- 2 EL OLIVENÖL
- 1 PRISE PFEFFER
- 1 PRISE ZUCKER

1 Die Karotten putzen, schälen und waschen. Dann mit einer Gemüsereibe grob raspeln und in eine Schüssel geben.

2 Die Zitronen auspressen (1 oder 2, je nachdem, wie sauer ihr es mögt) und den Saft mit den restlichen Zutaten zur Karotte geben. Alles gut vermischen und mindestens 15 Minuten ziehen lassen.

Karotten am besten extra im Kühlschrank lagern. Anderes Gemüse entzieht der Karotte nämlich Feuchtigkeit, wodurch sie schneller welk wird.

FÜR 4 PERSONEN

DER POPEYE
LINSENSALAT

MANCHMAL BRAUCHT MAN RICHTIG VIEL KRAFT, Z. B. VOR EINEM SPORTFEST ODER MARATHON. ALS ICH FÜR »LET'S DANCE« TRAINIERT HABE, MUSSTE ICH DAHER STÄNDIG SUPERFOOD ESSEN. DA ICH KAUM ZEIT HATTE ZU KOCHEN, HABE ICH MIR UND RENATA REGELMÄßIG EINE RIESENSCHALE VON DIESEM KÖSTLICHEN SALAT GEMACHT. DER BLEIBT TAGELANG FRISCH, IST NAHRHAFT UND MACHT FIT. ICH GLAUBE, RENATA KANN KEINE LINSEN MEHR SEHEN, SO VIEL HABEN WIR DAVON GEGESSEN.

FÜR DAS DRESSING:
> 1 EL DIJON-SENF
> 4 EL WEIßWEINESSIG
> 5 EL PFLANZEN- ODER TRAUBENKERNÖL
> 1 PRISE ZUCKER
> SALZ UND PFEFFER

FÜR DEN SALAT:
> 300 G BRAUNE LINSEN
> 1 ZWEIG THYMIAN
> 1 KAROTTE
> JE ½ GELBE UND ROTE PAPRIKASCHOTE
> 1 ZWIEBEL
> 2 LAUCHZWIEBELN
> 2 SCHEIBEN SPECK
> 4 STÄNGEL PETERSILIE
> 2 EL PFLANZENÖL
> 1–2 TL KÜMMEL

1 Für das Dressing alle Zutaten in eine Schüssel geben und gut verrühren, bis der Zucker und das Salz sich auflösen.

2 Die Linsen mit dem gewaschenen Thymian in einen Topf mit kochendem Wasser geben (kein Salz zufügen, sonst werden die Linsen hart) und zugedeckt ca. 30 Minuten lang köcheln lassen. Die Linsen sollten noch bissfest sein. Anschließend durch ein Sieb abgießen und abtropfen lassen. Thymianzweig entfernen.

3 Karotte, Paprikaschoten und Zwiebel putzen, schälen bzw. waschen und in feine Würfel schneiden. Lauchzwiebeln putzen, waschen und in dünne Ringe schneiden. Den Speck würfeln. Die Petersilie waschen, trocken schütteln und klein schneiden.

4 Als Nächstes den Speck und die Zwiebeln in einer Pfanne mit Öl braten, bis sie bräunlich werden. Dann Karotte und Paprika hinzugeben und 5 Minuten garen. Jetzt die Linsen mit in die Pfanne geben und ebenfalls kurz anschwitzen.

5 Nun die Linsenmischung in eine Schüssel geben und mit dem Dressing verrühren. Salat ca. 20 Minuten ruhen lassen. Da der Salat noch warm ist, zieht die Sauce sehr gut ein.

6 Kurz vor dem Anrichten die Petersilie und die Lauchzwiebeln unter den Salat heben und eventuell mit Salz, Zucker und Pfeffer nachwürzen. Zum Schluss den Kümmel über den Salat streuen.

KOMM MAL KLAR

WASSERMELONE-FETA-SALAT

mit Minze und Limette

FÜR 2–3 PERSONEN

WER KENNT DAS NICHT? MAN MUSS LANGE FIT UND KONZENTRIERT BLEIBEN UND HAT WEDER ZEIT NOCH WIRKLICH LUST, SICH GROß ETWAS ZU ESSEN ZU KOCHEN. ICH MUSS JA OFT SEHR SCHNELL SEHR VIEL TEXT LERNEN. DENN MANCHMAL BEKOMMT MAN DAS DREHBUCH FÜR DEN NÄCHSTEN TAG ERST AM ABEND UND MUSS EINE NACHTSCHICHT EINLEGEN. DA MACHE ICH MIR GERN DIESEN SALAT. GEHT SCHNELL, STÄRKT UND HÄLT DURCH DEN LIMETTEN-CHILI-KICK LANGE WACH.

V

VEGETARISCH

FÜR DEN SALAT:
- > 600 G WASSERMELONE
- > 100 G FETA
- > 1 KLEINE CHILISCHOTE
- > 20 G GRÜNE OLIVEN OHNE KERN
- > ¼ BUND SCHNITTLAUCH
- > 2 ZWEIGE MINZE

FÜR DAS DRESSING:
- > 4 EL OLIVENÖL
- > SAFT UND ABRIEB VON 1 LIMETTE
- > 1 EL ROHRZUCKER
- > SALZ UND PFEFFER

1 Zuerst die Melone halbieren, schälen und in ca. 2 x 2 cm große Würfel schneiden (siehe Tipp). Den Feta etwas abtropfen lassen und in ca. 1 x 1 cm große Würfel schneiden. Für eine vegane Variante den Feta einfach weglassen. Die Chilischote waschen und mit Kernen fein hacken. Die Oliven abtropfen lassen.

2 Den Schnittlauch und die Minze waschen und trocken schütteln. Den Schnittlauch in ca. 1 cm lange Stücke schneiden. Die Blätter der Minze von den Zweigen zupfen, übereinanderlegen und in feine Streifen schneiden. Nun alle vorbereiteten Zutaten bis auf den Schnittlauch in einer Schüssel vermengen und den Salat kaltstellen.

3 Für das Dressing Olivenöl, Limettensaft und -abrieb, Zucker, Salz und Pfeffer in einer kleinen Schüssel gut verrühren.

4 Das Dressing über den Salat gießen, untermischen und den Salat ca. 15 Minuten zugedeckt im Kühlschrank ziehen lassen.

5 Vor dem Servieren Salat noch einmal mit Salz und Pfeffer abschmecken. Dann in tiefen Tellern anrichten und mit Schnittlauch garnieren.

JIMI BLUES SUPERTIPP

Wassermelone schneiden ist ganz einfach. Zuerst einmal halbieren, dann eine Hälfte mit der Schnittfläche auf ein Brett legen und von oben im Schachbrettmuster einschneiden. Schon habt ihr Melonenstangen, die ihr dann nur weiter klein schneiden müsst.

MERCI RATATOUILLE

FÜR 2 PERSONEN

ICH BIN JA EIN GROßER FAN VON DISNEY-FILMEN. UND »RATATOUILLE« MIT DER KOCHENDEN RATTE IST EINER MEINER ABSOLUTEN LIEBLINGSFILME. ZUVOR KANNTE ICH DAS GERICHT GAR NICHT, ABER DANN WAR KLAR, DASS ICH LERNEN MUSSTE, DIE PERFEKTE RATATOUILLE ZU KOCHEN. AN SICH IST DAS NICHT SCHWER, ABER ENTSCHEIDEND IST DAS ABSCHMECKEN AM ENDE. DA KANN MAN RUHIG KREATIV SEIN UND NEUES AUSPROBIEREN – GENAU WIE RÉMY IM FILM. GUTES GELINGEN, IHR RATTEN!

V

VEGETARISCH

- 1 ROTE ZWIEBEL
- 1 KNOBLAUCHZEHE
- 1 AUBERGINE
- 1 ZUCCHINI
- 1 ROTE PAPRIKASCHOTE
- 1 STÄNGEL MAJORAN
- 1 ZWEIG ROSMARIN
- 1 ZWEIG THYMIAN
- 1 FLEISCHTOMATE
- 2 EL OLIVENÖL
- SALZ UND PFEFFER
- 1 TL TOMATENMARK
- 50 ML PASSIERTE TOMATEN (AUS DER DOSE)
- 2 EL WASSER
- 1 PRISE ZUCKER
- 30 G PARMESAN

1 Zunächst die Zwiebel und den Knoblauch schälen und in 3 mm dicke Scheiben schneiden. Nun Aubergine, Zucchini und Paprika waschen, putzen und in 5 mm dicke Scheiben schneiden. Kräuter waschen, trocken schütteln und klein schneiden. Die Tomate waschen, den Stielansatz entfernen und das Fruchtfleisch in Würfel schneiden.

2 Jetzt alle vorbereiteten Zutaten bis auf die Kräuter und die Tomatenwürfel in einer heißen Pfanne mit Olivenöl scharf anbraten, dann mit Salz und Pfeffer würzen. Die Tomate und das Tomatenmark hinzugeben, kurz anbraten und dann die passierten Tomaten und das Wasser angießen. Kurz aufkochen lassen, bis die Flüssigkeit verdampft ist.

3 Zum Schluss die Kräuter in die Ratatouille rühren und alles mit Salz, Pfeffer und Zucker abschmecken. Vor dem Anrichten mit etwas geriebenem Parmesan bestreuen. Für eine vegane Variante Parmesan einfach weglassen.

FÜR 2 PERSONEN

VENI, VIDI, VICI CAESAR SALAD

CAESAR SALAD IST EINER MEINER LIEBLINGSSALATE. EGAL, WO ICH BIN, WENN ER AUF DER SPEISEKARTE STEHT, BESTELLE ICH IHN. MIT MEINEM REZEPT HABE ICH EINEN GANZ EINFACHEN WEG GEFUNDEN, IHN ZUZUBEREITEN. WAS ICH BESONDERS DARAN SCHÄTZE: ER IST SCHNELL FERTIG, WÜRZIG UND MACHT SATT, ABER NICHT ZU VOLL. DAHER IST ER AUCH EIN SUPER ESSEN NACH DEM SPORT!

FÜR DAS DRESSING:

> ½ KLEINE KNOBLAUCHZEHE
> 20 G PARMESAN
> 1 SARDELLENFILET
> 20 G PASTEURISIERTES EIGELB ODER 2 FRISCHE EIGELB
> 10 G SENF
> 1 TL ZITRONENSAFT
> 15 ML WEIßER BALSAMICO
> 20 ML WASSER
> 1 ½ TL PFEFFER
> 1 PRISE SALZ
> 100 ML PFLANZENÖL
> 100 G CRÈME FRAÎCHE

FÜR DEN SALAT:

> 1 ½ KÖPFE RÖMERSALAT
> 6 KIRSCHTOMATEN
> 4 SCHEIBEN BAGUETTE
> 4 EL BUTTER
> SALZ
> 2 HÄHNCHENBRÜSTE
> PFEFFER
> 3 EIER
> 1 HANDVOLL MEHL
> CA. 150 G CORNFLAKES
> 2 EL PFLANZENÖL
> 1 EL BUTTER

1 Für das Dressing zunächst den Knoblauch schälen und ebenso wie den Parmesan fein reiben. Das Sardellenfilet hacken. Anschließend alle Zutaten für das Dressing bis auf das Öl und die Crème fraîche in einen Messbecher geben und mit einem Stabmixer verrühren. Dabei das Öl langsam hinzugießen, sodass eine Emulsion (Verbindung) entsteht. Zuletzt die Crème fraîche hinzufügen, das Dressing noch einmal kurz umrühren und kaltstellen.

2 Den Römersalat längs halbieren, den Strunk entfernen und die Blätter in grobe Streifen schneiden. Dann waschen, abtropfen lassen und in eine Schüssel geben. Die Kirschtomaten waschen und halbieren.

3 Das Baguette in ca. 1 ½ cm große Würfel schneiden und in einer Pfanne mit 3 EL Butter goldbraun braten. Danach die Croûtons auf einem Küchenpapier auskühlen lassen und mit 1 Prise Salz würzen.

4 Nun die Hähnchenbrüste der Länge nach halbieren, sodass zwei flache Schnitzel entstehen. Die Schnitzel mit einem Fleischklopfer leicht klopfen, damit sie zarter werden, und mit Salz und Pfeffer würzen.

5 Jetzt die Eier in einer flachen Schüssel mit dem Schneebesen verquirlen. Das Mehl auf einen flachen Teller geben und die Cornflakes in einen tiefen Teller füllen. Die Schnitzel erst im Mehl wenden, dann in das Ei tauchen und anschließend in den Cornflakes wälzen, bis die Oberfläche komplett damit bedeckt ist. Die panierten Schnitzel in einer Pfanne mit Öl und Butter von beiden Seiten goldbraun braten und danach auf Küchenpapier abtropfen lassen.

6 Das Dressing über den Römersalat gießen und gut vermischen. Salat in tiefen Tellern oder Schalen anrichten. Die Schnitzel in grobe Streifen schneiden und darauf verteilen. Zum Schluss das Ganze mit den Kirschtomaten und den Croûtons garnieren.

FÜR 2 PERSONEN

LACHS MI AM OARSCH

LACHSTATAR

MANCHMAL MÖCHTE MAN GANZ EINFACH JEMANDEN BEEINDRUCKEN, ODER? ;) UND WENN IHR ERZÄHLT, DASS IHR VORHABT, LACHSTATAR MIT KORIANDER ZU MACHEN, WERDEN ALLE SAGEN: WOW, DU KANNST ABER KOCHEN! DABEI GIBT ES KAUM ETWAS EINFACHERES. WICHTIG IST ABER, IM FISCHLADEN GUTEN UND FRISCHEN LACHS ZU KAUFEN, AM BESTEN FRAGT IHR NACH LACHS FÜR SUSHI. DANN AUFSCHNEIDEN, VERMISCHEN UND SERVIEREN – LECKER UND GESUND NOCH DAZU!

- SAFT VON ½ LIMETTE
- 1 TL CRÈME FRAÎCHE
- 1 EL OLIVENÖL
- 1 PRISE ZUCKER
- SALZ UND PFEFFER
- 15 G SCHALOTTE
- 30 G APFEL (GRANNY SMITH)
- 15 G SALATGURKE
- 150 G LACHSFILET
- 3 STÄNGEL KORIANDER (ALTERNATIV DILL ODER KERBEL)
- 1 TL GERÖSTETER SESAM

ZUM SERVIEREN:

- 4 SCHEIBEN BAGUETTE
- OLIVENÖL ZUM BESTREICHEN

1 Den Limettensaft, die Crème fraîche und das Olivenöl in einer Schüssel zu einer cremigen Sauce verrühren und mit Zucker, Salz und Pfeffer abschmecken.

2 Die Schalotten schälen, den Apfel schälen und das Kerngehäuse entfernen. Gurke waschen, halbieren und die Kerne mit einem Löffel herauskratzen. Schalotten, Apfel und Gurke in kleine Würfel schneiden.

3 Den Lachs in etwa 5 mm große Würfel schneiden und mit den Gemüse- und Obstwürfeln und der Sauce in eine Schüssel geben und gut vermischen.

4 Den Koriander waschen, trocken schütteln, die Blätter abzupfen und in feine Streifen schneiden. Mit dem Sesam vorsichtig unter die Lachsmasse heben.

5 Die Baguettescheiben mit etwas Olivenöl bestreichen und in einer heißen Pfanne rösten. Dann herausnehmen und das Tatar auf das Baguette streichen und servieren.

MAMMA MIA

TOMATEN UND MOZZARELLA

mit eigenem Pesto

FÜR 1 PERSON

MANCHMAL BRAUCHT ES EINFACH EINEN KLEINEN SNACK ZWISCHENDURCH, UND WENN DER FRISCH UND GESUND IST – UMSO BESSER. ICH WAR SCHON IMMER EIN GROßER FAN VON TOMATEN MIT MOZZARELLA. DAS IST SUPEREASY ZUZUBEREITEN, SCHMECKT GUT UND IST GESUND. ANFANGS HABE ICH NUR BALSAMICO UND ÖL DARÜBERGETRÄUFELT, BIS MEIN MITBEWOHNER IN MÜNCHEN MIR DEN TIPP MIT SELBST GEMACHTEM PESTO GEGEBEN HAT. GENAUSO EINFACH UND ORIGINAL ITALIENISCH.

V

VEGETARISCH

FÜR DAS PESTO:

- 1 HANDVOLL PINIENKERNE
- 10 G PARMESAN
- 1 BUND FRISCHES BASILIKUM
- 1 ZITRONE
- 2 EL OLIVENÖL
- 1 PRISE GROBES MEERSALZ
- 1 PRISE PFEFFER

FÜR DEN SALAT:

- 2 MITTELGROßE TOMATEN
- 1 PACKUNG MOZZARELLA (AM BESTEN DI BUFALA)

1 Für das Pesto zunächst die Pinienkerne in einer kleinen Pfanne ohne Öl bei mittlerer Hitze rösten, bis sie Farbe annehmen und zu duften beginnen. Achtung, die Pinienkerne nicht schwarz werden lassen, sonst bekommt ihr ein bitteres Pesto und das wäre ... bitter!

2 Den Parmesan in Stücke schneiden und in ein hohes Gefäß geben. Basilikum waschen, trocken schütteln und etwas klein zupfen (4 ganze Blätter zum Garnieren aufbewahren). Basilikum zum Käse geben. Die Zitrone auspressen und den Saft mit den restlichen Zutaten (außer den Pinienkernen) in den Behälter geben und mit einem Stabmixer zu einem Pesto mixen. Wenn alles gut vermischt ist, ein paar Pinienkerne hinzugeben und wieder mixen.

3 Das fertige Pesto bei Bedarf mit Salz, Zitronensaft oder Parmesan nachwürzen.

4 Die Tomaten waschen und in dünne Scheiben schneiden. Den Mozzarella abtropfen lassen und ebenfalls in Scheiben schneiden.

5 Tomaten- und Mozzarellascheiben abwechselnd und leicht überlappend in Kreisen auf einem Servierteller anrichten. Dann das Pesto vorsichtig mit einem Esslöffel über den Salat löffeln. Die restlichen Pinienkerne darüberstreuen und den Salat mit den Basilikumblättern garnieren.

FÜR 2–3 PERSONEN

QUICK AND SPICY WOK-BEEF-PFANNE

mit Süßkartoffelpommes

MAN HAT JA IMMER ETWAS GEMÜSE IM KÜHLSCHRANK, DAS KANN MAN IN DIESEM REZEPT PERFEKT »VERKOCHEN«. DER VATER MEINES MANAGERS IST VIETNAMESE, UND DAS IST SEIN LIEBLINGSGERICHT. IMMER WENN WIR ETWAS ZU FEIERN HABEN – EINEN TOLLEN DEAL ODER AUFTRAG –, ABER NICHT VIEL ZEIT ZUM VORBEREITEN UND KOCHEN BLEIBT, DANN LASSEN WIR UNS DIESE PFANNE SCHMECKEN. SO IST SIE EIN BISSCHEN UNSER GLÜCKSGERICHT UND EINE SCHÖNE TRADITION GEWORDEN.

- > 2 MITTELGROẞE SÜẞKARTOFFELN
- > 2 ZWEIGE ROSMARIN
- > 1 EL OLIVENÖL
- > GROBES MEERSALZ (AUCH FEINES SALZ MÖGLICH)
- > 200 G RINDFLEISCH
- > 50 G CHAMPIGNONS
- > 4 KIRSCHTOMATEN
- > 50 G ROTE PAPRIKASCHOTE
- > 3 LAUCHZWIEBELN
- > 50 G BROKKOLI
- > 1 ZWIEBEL
- > 1 KNOBLAUCHZEHE
- > 3 CM FRISCHE INGWERWURZEL
- > 5 ERDNÜSSE
- > 2 EL SESAMÖL
- > SALZ UND PFEFFER
- > 1 EL HONIG
- > 1 EL TERIYAKI-SAUCE
- > 1 EL SOJASAUCE

1 Backofen auf 180 Grad Umluft vorheizen. Die Süßkartoffeln waschen, in 5 mm dicke Würfel schneiden und in eine Schüssel geben. Den Rosmarin waschen, trocken schütteln und die Nadeln von den Zweigen zupfen. Mit dem Olivenöl und etwas grobem Meersalz zu den Süßkartoffeln geben. Gut vermischen. Jetzt ein Blech mit Backpapier auslegen, die Süßkartoffeln darauf verteilen und im vorgeheizten Ofen ca. 20 Minuten backen.

2 Währenddessen das Rindfleisch in ca. 1 cm feine Streifen schneiden. Die Champignons mit einem Küchenpapier säubern, die Stielenden entfernen. Die Kirschtomaten waschen. Beides vierteln. Die Paprika, die Lauchzwiebeln und den Brokkoli putzen und waschen. Die Paprika in feine Streifen, die Lauchzwiebeln in dünne Ringe und den Brokkoli in dünne Scheiben schneiden. Zwiebel, Knoblauch und Ingwer schälen und fein würfeln. Die Erdnüsse grob hacken.

3 Nun den Wok auf den Herd stellen und mit Sesamöl darin heiß werden lassen. In der Zwischenzeit das Rindfleisch mit etwas Salz und Pfeffer würzen. Dann im Wok scharf anbraten. Nach ca. 2 Minuten Brokkoli, Zwiebel, Knoblauch, Lauchzwiebeln und die Erdnüsse dazugeben und alles weitere 2 Minuten braten. Als Nächstes die Champignons und die Paprika in den Wok geben und 2 Minuten mitbraten. Jetzt Tomaten, Ingwer, Honig, Teriyaki- und Sojasauce unterrühren und das Ganze weitere 2 Minuten gut durchschwenken. Dann mit den Süßkartoffelpommes servieren.

JIMI BOWL

CEVICHE VOM LACHS MIT DUFTREIS

und Frühlingsrollenchips

FÜR 2 PERSONEN

WER GERNE SUSHI MIT ROHEM FISCH ISST, WIRD MIT SICHERHEIT AUCH VON CEVICHE, DAS EIGENTLICH AUS DER PERUANISCHEN KÜCHE STAMMT, NICHT GENUG BEKOMMEN. DAS TOLLE DARAN: ES IST WIRKLICH SUPEREASY ZUZUBEREITEN, IST LEICHT UND GESUND UND SCHMECKT EINFACH KÖSTLICH, BESONDERS WENN ES NOCH WARM IST. FÜR EINEN SPANNENDEN KONTRAST REICHE ICH NOCH GERNE KNUSPRIGE FRÜHLINGSROLLENCHIPS DAZU.

FÜR DEN REIS:

> 125 G JASMINREIS
> SALZ
> 1 ZIMTSTANGE
> 1 STERNANIS
> 2 KARDAMOMKAPSELN

FÜR DAS CEVICHE:

> 250 G LACHSFILET
> ½ ROTE ZWIEBEL
> 6 BLÄTTER KORIANDER ODER PETERSILIE
> SAFT ½ LIMETTE
> 75 ML WALNUSSÖL
> 1 TL SOJASAUCE
> 1 TL SESAMÖL
> SALZ UND PFEFFER

FÜR DIE CHIPS:

> 4 FRÜHLINGSROLLENBLÄTTER

1 Den Reis in ein Sieb geben und gründlich mit kaltem Wasser abspülen, damit die Stärke herausgewaschen wird und der Reis nicht verklebt. Dann den Reis in einen Topf geben und entsprechend viel kaltes Wasser dazugießen (im Verhältnis 1 : 10, also für 1 Tasse Reis 10 Tassen Wasser). Das Wasser leicht salzen. Die Gewürze in einen Teebeutel füllen, diesen verschließen und mit ins Wasser legen. Den Reis ca. 18 Minuten kochen und danach durch ein Sieb abgießen. Die Gewürze entfernen.

2 Währenddessen das Lachsfilet in ca. 2 x 2 cm große Würfel schneiden und in eine Schüssel geben. Die Zwiebel schälen und klein würfeln. Den Koriander oder die Petersilie waschen, trocken schütteln und in feine Streifen schneiden. Zwiebel und Koriander zum Lachs geben.

3 Backofen auf 180 Grad Umluft vorheizen. In der Zwischenzeit Limettensaft, Walnussöl, Sojasauce und Sesamöl in einer Schüssel gut miteinander verrühren. Die Sauce über den Lachs und die anderen Zutaten gießen, vermischen und alles mit Salz und Pfeffer abschmecken.

4 Den Frühlingsrollenteig in die gewünschte Form schneiden. Die Stücke auf ein mit Backpapier belegtes Blech legen und im vorgeheizten Ofen in 3–4 Minuten goldbraun und knusprig backen.

5 Das Ceviche mit dem Duftreis servieren und mit den knusprigen Chips garnieren.

BUENOS DIAS

GAZPACHO

FÜR 2 PERSONEN

EIN GEHEIMTIPP, WIE MAN TROTZ EINER FEIER AM NÄCHSTEN TAG FIT IST? VOR DEM SCHLAFENGEHEN EINE SCHALE GAZPACHO ESSEN. ICH BIN IM SOMMER OFT MIT KUMPELS AUF MALLORCA, UND WIR SIND EIGENTLICH NUR AM FEIERN. ERST CLUB, DANN AN DEN STRAND BIS ZUM SONNENAUFGANG. SCHARF UND VIELE VITAMINE – DAS IST UNSER ZAUBERTRANK FÜR PARTYNÄCHTE. UND SCHNELL GEHEN SOLLTE ES NATÜRLICH AUCH. DA IST DIESES REZEPT IDEAL!

V

VEGETARISCH

- 75 G ROTE ZWIEBELN
- ½ KNOBLAUCHZEHE
- ½ GURKE
- ½ ROTE PAPRIKASCHOTE
- ½ CHILISCHOTE
- 500 G SCHÄLTOMATEN (AUS DER DOSE)
- 30 ML ALTER BALSAMICO
- 10 G ZUCKER
- 40 ML OLIVENÖL
- SALZ UND PFEFFER

1 Zunächst die rote Zwiebel, den Knoblauch und die Gurke schälen und anschließend in grobe Stückchen schneiden.

2 Die Paprika und die Chilischote putzen, entkernen, waschen und ebenfalls in grobe Stückchen schneiden.

3 Nun alle Zutaten bis auf Olivenöl, Salz und Pfeffer in einen Standmixer geben und mit einem kleinen Schuss Wasser 2–3 Minuten pürieren. Jetzt das Olivenöl, etwas Salz und Pfeffer dazugeben und das Ganze noch einmal kurz durchmixen, sodass sich die Flüssigkeiten binden. Nach Bedarf noch mit Salz und Pfeffer nachwürzen.

4 Gazpacho in ein Gefäß füllen und etwa 30 Minuten in den Kühlschrank stellen. Dann kalt servieren.

JIMI BLUES SUPERTIPP

Wer den Gazpacho zum Beispiel bei einem Grillfest als kleinen Willkommensgruß reichen und daher etwas aufhübschen möchte, gibt noch ein paar Croûtons, Paprika- und Gurkenwürfel sowie gehackte Kräuter als Einlage hinein. Für besondere Anlässe mit einem Klecks Crème fraîche, einer gebratenen Jakobsmuschel und etwas Zitronenthymian als Garnitur servieren.

FÜR 4 PERSONEN

BÄRBELS APOTHEKE
OMAS Hühnersuppe

KRANK SEIN IST RICHTIG ÄTZEND. DAS EINZIGE, WAS EINE ERKÄLTUNG HALBWEGS ERTRÄGLICH MACHT, IST DIE KÖSTLICHE HÜHNERSUPPE MEINER OMA. SIE KOCHT DIE FÜR JEDEN AUS DER FAMILIE, DER KRANK IST. LEIDER LEBT SIE IN FULDA UND ICH IN BERLIN. DARUM HAT SIE MIR DAS REZEPT IRGENDWANN VERRATEN, UND ICH MACHE DIE SUPPE JETZT, WENN JEMAND KRANK IST UND SIE NICHT KOMMEN KANN. (UND ESSE DAS MEISTE DANN SELBST AUF!) ;)

- > ¼ KNOLLENSELLERIE
- > 1 KAROTTE
- > 6 VORWIEGEND FESTKOCHENDE KARTOFFELN
- > ½ STANGE LAUCH
- > 4 HÄHNCHENKEULEN MIT HAUT
- > 500 G HÄHNCHENKNOCHEN
- > CA. 4 L WASSER
- > SALZ
- > 2 LORBEERBLÄTTER
- > 5 PFEFFERKÖRNER
- > 6 STÄNGEL PETERSILIE
- > 2 ZWEIGE THYMIAN

1 Zunächst Sellerie, Karotte, Kartoffeln und Lauch putzen, gründlich waschen bzw. schälen und in grobe Würfel bzw. Scheiben schneiden.

2 Die Hähnchenkeulen und die Knochen in einen Topf geben und das kalte Wasser sowie etwas Salz zufügen. Die Knochen und die Keulen müssen gerade mit Wasser bedeckt sein. Den Topf auf den Herd stellen und das Wasser zum Kochen bringen. Suppe 30 Minuten kräftig kochen, anschließend die Hitze reduzieren, sodass die Flüssigkeit nur noch leicht köchelt.

3 Nun das vorbereitete Gemüse hinzufügen und alles 1 weitere Stunde bei niedriger Hitze köcheln lassen.

4 Dann die Gewürze und gewaschenen Kräuter hinzugeben (von der Petersilie nur 3 Stängel, die restlichen hacken und zum Bestreuen aufbewahren). Eventuell noch etwas Salz zufügen und die Brühe 30 Minuten köcheln und dann 15 Minuten bei ausgeschaltetem Herd ziehen lassen. Mit einer Schaumkelle und einer Suppenkelle das Fett und die Trübstoffe, die sich beim Kochen an der Oberfläche absetzen, immer wieder entfernen.

5 Jetzt die Brühe durch ein feines Sieb in einen anderen Topf abgießen. Das Gemüse und die Kartoffeln aus dem Sieb nehmen und in eine Schüssel füllen. Kräuter, Gewürze und Knochen entfernen.
Die Hähnchenkeulen herausheben und mit einem Einmalhandschuh die Haut von den Keulen lösen und das Fleisch von den Knochen zupfen. Fleisch in feine Streifen zupfen.

6 Nun das Gemüse, die Kartoffeln und das Fleisch auf die Schüsseln verteilen und mit der Hühnerbrühe begießen. Mit etwas gehackter Petersilie garnieren.

FÜR 1 PERSON

DETOX

CLEANSE-DRINK

DIESER SAFT EIGNET SICH SUPERGUT ALS STÄRKENDER DRINK FÜR ZWISCHENDURCH – ODER AUCH VOR DEM SPORT, NACH DEM SPORT ODER SOGAR WÄHRENDDESSEN. ER IST GERADE IN ANSTRENGENDEN PHASEN SO HILFREICH, WEIL ER JEDE MENGE WICHTIGE VITAMINE ENTHÄLT. UND MAL GANZ ABGESEHEN VON DEM GESUNDHEITSASPEKT – EXTREM LECKER SCHMECKT ER NOCH DAZU!

V

VEGAN

> 1 APFEL (ROT UND SÜẞ)
> 1 KIWI
> ½ ROTE BETE
> ½ KAROTTE
> ½ STANGE STAUDENSELLERIE
> 1 CM FRISCHE INGWERWURZEL
> SAFT VON ½ ZITRONE
> SAFT VON ½ ORANGE
> 50 ML WASSER
> 1 TL LEINÖL
> 1 TL ROHRZUCKER

1 Obst und Gemüse waschen bzw. schälen, putzen, klein schneiden und in einen Entsafter geben.

2 Danach den ausgepressten Saft in einen Messbecher füllen, mit Zitronen- und Orangensaft, Wasser, Leinöl und Zucker mischen und kurz verrühren. In ein Glas abfüllen und genießen.

ALLES QUARK!

KÖSTLICHE QUARKTORTE

FÜR EINE SPRINGFORM (Ø 28 CM)

ICH LIEBE ES JA, GERADE AM WOCHENENDE SO EINEN RICHTIG TOLLEN KUCHEN ZU ESSEN. UND NATÜRLICH AM BESTEN SELBST GEMACHT. DIES HIER IST DAS EINFACHSTE REZEPT, DAS ES GIBT. DENN MAN BRAUCHT BODEN UND BELAG NICHT GETRENNT VONEINANDER ZUZUBEREITEN – DAS GEHT ALLES IN EINEM. PROBIERT ES DOCH MAL AUS!

V

VEGETARISCH

> 6 MITTELGROẞE EIER
> 1 KG MAGERQUARK
> 250 G PUDERZUCKER
> 100 G BUTTER + ETWAS FÜR DIE FORM
> 2 PCK. VANILLEPUDDING
> 1 PCK. VANILLEZUCKER
> 1 TL BACKPULVER
> ETWAS ZITRONENSAFT (OPTIONAL)
> ETWAS MEHL FÜR DIE FORM

1 Backofen auf 180 Grad Ober-/Unterhitze vorheizen. Zuerst die Eier in eine Schüssel aufschlagen und mit dem Handrührgerät etwas verquirlen. Dann die restlichen Zutaten dazugeben und gut verrühren. Eine Springform einfetten und mit Mehl bestäuben, damit der Teig nicht kleben bleibt. Überschüssiges Mehl aus der Form klopfen.

2 Den Teig nun in die Form füllen und den Quarkkuchen im Backofen 1 Stunde backen.

Sox

FEIERN & CHILLEN

EGAL, OB LANGE PARTYNÄCHTE ODER BESONDERE EVENTS ANSTEHEN ODER MAN EINFACH NUR MIT FREUNDEN AUF DEM SOFA ABHÄNGEN UND FILME ANSCHAUEN WILL. WAS DARF IN KEINEM FALL FEHLEN? DIE PERFEKTEN MAHLZEITEN, UM GUT GERÜSTET IN DEN ABEND ZU STARTEN, UND LECKERE SNACKS, DIE DEM CHILLEN NOCH EINE KULINARISCHE SPEZIALNOTE VERPASSEN.

MOVIENIGHT DELUXE

GARNELEN-POPCORN

mit Wasabi-Mayonnaise

FÜR 2 PERSONEN

ICH MACHE OFT FILMABENDE MIT KUMPELS. DA GIBT ES NATÜRLICH POPCORN. ABER NICHT DAS FERTIGE FÜR DIE MIKROWELLE, SONDERN DIESE GANZ BESONDERE VARIANTE. DA KANN MAN GANZ EINFACH EINE GROẞE SCHALE VORBEREITEN UND DANN GEMÜTLICH WÄHREND DES FILMS SNACKEN. SCHMECKT MEGA – GEHT SCHNELL UND MACHT EINDRUCK, SOLLTE DER ABEND DOCH NICHT NUR MIT GUTEN ALTEN FREUNDEN ENDEN …

FÜR DIE MAYONNAISE:

- 20 G PASTEURISIERTES EIGELB ODER 1 FRISCHES EIGELB
- 1 TL SENF
- 1 SPRITZER LIMETTENSAFT
- 100 ML PFLANZENÖL
- CA. 25 G WASABIPASTE ODER 1 ½ EL WASABIPULVER
- 50 G CRÈME FRAÎCHE
- SAFT UND ABRIEB VON ¼ LIMETTE
- SALZ UND PFEFFER
- 1 PRISE ZUCKER

FÜR DAS POPCORN:

- 8 GESCHÄLTE TK-BLACK-TIGER-GARNELEN
- 100 G TEMPURAMEHL
- 80–90 ML WASSER
- 500 ML PFLANZENÖL
- SALZ UND PFEFFER
- ETWAS MEHL ZUM BESTÄUBEN

1 Für die Mayonnaise zunächst das Eigelb in eine Schüssel geben. Dann den Senf und den Limettensaft mit einem Schneebesen unterrühren. Nun das Öl unter ständigem Rühren ganz langsam dazugießen, sodass sich das Ei mit dem Öl verbinden kann. (Am besten einen Behälter zum Ausgießen benutzen.) Damit die Zutaten sich gut zu einer Mayonnaise verbinden, sollte die Temperatur der einzelnen Komponenten ungefähr gleich sind. Zuletzt Wasabi, Crème fraîche, Limettensaft und -abrieb unterrühren und Mayonnaise mit Salz, Pfeffer und Zucker abschmecken. Dann Mayonnaise in ein Gefäß umfüllen, mit Folie abdecken und kaltstellen.

2 Die Garnelen unter kaltem Wasser auftauen und in einem Sieb abtropfen lassen. Je nach Größe in 3–4 gleich große Teile schneiden und kaltstellen. Das Tempuramehl und das Wasser in eine Schüssel geben und zu einem dickflüssigen Teig verrühren. Das Öl in einen hohen Topf gießen und stark erhitzen. Die Garnelenstücke mit Salz und Pfeffer würzen und anschließend leicht mit Mehl bestäuben. Dann in den Teig tauchen, sodass die Stücke komplett vom Teig überzogen sind. Nun die Garnelenstücke im Öl ausbacken, bis der Teig fest und goldbraun ist. Mit einer Schaumkelle entnehmen und auf einem Küchenpapier abtropfen lassen.

3 Das Garnelen-Popcorn auf einem Teller anrichten und ein kleines Schälchen mit der Wasabi-Mayonnaise dazustellen. Wer mag, kann die Garnelenstücke auch auf Holzspieße stecken, so isst es sich leichter.

FÜR 2 PERSONEN

EL PATRÓN

PIMIENTOS DE PADRÓN

Fingerfood

DA ICH MEINE HALBE KINDHEIT AUF MALLORCA VERBRACHT HABE, LIEBE ICH NATÜRLICH SPANISCHES ESSEN SEHR. PIMIENTOS DE PADRÓN, DIE TYPISCHEN GRÜNEN SPANISCHEN PAPRIKAS, DURFTEN BEI UNS BEI KEINER MAHLZEIT ALS LECKERE VORSPEISE FEHLEN. ABER AUFPASSEN, JEDE FÜNFTE SCHOTE SOLL ANGEBLICH WIRKLICH SCHARF SEIN.

V

KLASSISCH = VEGAN

KLASSISCH:

- 12 GRÜNE PIMIENTOS DE PADRÓN
- OLIVENÖL ZUM BRATEN UND BETRÄUFELN
- ETWAS GROBES MEERSALZ

ASIATISCH:

FÜR DIE MAYONNAISE:

- 20 G PASTEURISIERTES EIGELB ODER 1 FRISCHES EIGELB
- 1 TL SENF
- 1 SPRITZER ZITRONENSAFT
- 100 ML PFLANZENÖL
- 20 G EINGELEGTER INGWER
- 50 ML INGWERFOND (VON EINGELEGTEM INGWER)
- 50 G CRÈME FRAÎCHE
- 2 TL SALZ
- PFEFFER
- 1 TL ZUCKER

FÜR DIE PIMIENTOS:

- 1 GEHÄUFTER EL SESAM (SCHWARZ ODER WEIẞ)
- 12 GRÜNE PIMIENTOS DE PADRÓN
- 2 EL SESAM- ODER OLIVENÖL
- SALZ

1 **Klassisch:** Die Pimientos waschen, mit Küchenpapier trocken tupfen und in einer sehr heißen Pfanne mit Olivenöl anbraten, bis sie etwas zusammenfallen und schön braun gebraten sind. Dabei die Pfanne ab und zu schwenken. (Nicht zu viel Öl verwenden, denn sonst werden die Pimientos matschig.) Anschließend Paprikas auf einem Küchenpapier abtropfen lassen.

2 Beim Anrichten die Pimientos mit etwas Olivenöl beträufeln und großzügig mit Meersalz bestreuen.

3 **Asiatisch:** Für die Mayonnaise Eigelb, Senf und Zitronensaft in einer Schüssel verrühren. Das Öl unter ständigem Rühren mit einem Schneebesen langsam dazugießen. Damit sich die Zutaten gut verbinden (Emulsion), sollten sie in etwa die gleiche Temperatur haben. Nun den Ingwer mit dem Ingwerfond in einem Messbecher pürieren und unter die Mayonnaise rühren. Zum Schluss die Crème fraîche, Salz, Pfeffer und Zucker hinzufügen und ebenfalls untermischen.

4 Den Sesam in einer heißen Pfanne ohne Öl rösten, dabei die Pfanne immer wieder schwenken, bis der Sesam eine braune Färbung annimmt.

5 Die Pimientos waschen, mit Küchenpapier trocken tupfen und in einer heißen Pfanne im Öl scharf anbraten. Anschließend auf einem Küchenpapier abtropfen lassen und salzen.

6 Beim Anrichten den Sesam über die Pimientos streuen und die Mayonnaise als Dip dazu reichen.

SAY CHEEEEEEEESE GRILLED Cheese-Sandwich

FÜR 1 PERSON

DER KLASSIKER NACH DEM FEIERN – WENN MAN EIGENTLICH SCHON LÄNGST SCHLAFEN SOLLTE UND WEIß, DASS DIE NACHT SEHR, SEHR KURZ SEIN WIRD. BEVOR ES DANN ENDLICH INS BETT GEHT, NOCH EIN GRILLED CHEESE-SANDWICH UND AM NÄCHSTEN MORGEN IST MAN (ZUMINDEST HALBWEGS) WIEDER FIT. DAS HAT MICH SCHON SO MANCHES MAL GERETTET.

V

VEGETARISCH

- 2 SCHEIBEN TOASTBROT
- BUTTER NACH BELIEBEN
- 1 SCHEIBE CHEDDAR

1 Eine Pfanne auf dem Herd anwärmen. Beide Toastbrotscheiben auf einer Seite mit etwas Butter bestreichen.

2 Eine Scheibe mit der Butterseite nach unten in die Pfanne legen. Den Käse auf den Toast geben und die zweite Brotscheibe mit der Butterseite nach oben auf den Käse setzen. Sandwich knusprig braten, dabei immer wieder wenden.

FÜR 2 PERSONEN

HEIẞER HAHN

CRISPY CHICKENWINGS

mit Joghurt-Limette-Minze-Dip

EIN KÜHLES BIER, EIN PAAR LÄSSIGE KUMPELS UND DAZU NOCH JEDE MENGE SUPER SERIEN UND FILME ÜBER NETFLIX – WAS WILL MAN EIGENTLICH MEHR? EIN SCHMACKHAFTER SNACK DARF NATÜRLICH NICHT FEHLEN. WER KEIN PROBLEM DAMIT HAT, SICH DIE FINGER SO RICHTIG VOLLZUKLECKERN, DER WIRD DIESE WÜRZIGEN CHICKENWINGS LIEBEN. EINFACH YUMMY!

FÜR DEN DIP:

> 150 G JOGHURT 3,5 % FETT
> 50 G CRÈME FRAÎCHE
> 1 TL LIMETTENSAFT
> 1 TL ZUCKER
> 2 TL SALZ
> 1 PRISE PFEFFER
> 2 STÄNGEL MINZE

FÜR DIE CHICKENWINGS:

> 1 ½ CM FRISCHE INGWERWURZEL
> 1 KNOBLAUCHZEHE
> 2 EL SESAMÖL
> 4 EL PFLANZENOL + AUSREICHEND ZUM FRITTIEREN
> 3 EL SOJASAUCE
> 3 EL BRAUNER ZUCKER
> 1 ½ TL SALZ
> 1 EL AHORNSIRUP ODER HONIG
> 1 EL FRISCHER ORANGENSAFT
> 16 CHICKENWINGS
> 200 G PANKOMEHL

1 Alle Zutaten für den Dip bis auf die Minze in eine Schüssel geben und gut miteinander verrühren. Die Minze waschen, trocken schütteln, die Blätter abzupfen und in feine Streifen schneiden. Die Minze in den Dip rühren und diesen dann kalt stellen.

2 Backofen auf 160 Grad Ober-/Unterhitze vorheizen. Als Nächstes die Marinade zubereiten. Ingwer und Knoblauch schälen und fein reiben. Mit den 6 EL Sesam- und Pflanzenöl, Sojasauce, Zucker, Salz, Ahornsirup und Orangensaft in eine Schüssel geben und gut vermengen.

3 Die Chickenwings mit der Hälfte der Marinade bestreichen, sodass sie komplett damit bedeckt sind. Dann auf ein mit Backpapier belegtes Blech legen und im vorgeheizten Ofen 20–25 Minuten lang backen. Anschließend die Chickenwings auskühlen lassen und noch einmal mit dem Rest der Marinade einstreichen. Pankomehl in einen Teller geben und die Chickenwings darin wälzen und panieren.

4 Pflanzenol zum Frittieren (der Topf sollte etwas mehr als die Hälfte gefüllt sein) in einem ausreichend großen Topf auf ca. 180 Grad erhitzen und die Chickenwings darin frittieren. Herausheben und auf einem Küchenpapier abtropfen lassen. Chickenwings mit dem Joghurt-Limette-Minze-Dip servieren.

FÜR 2 PERSONEN

MEAT'N ME SOFTLY
STEAK MIT KALBSJUS

EIN GUTES STEAK ZUZUBEREITEN, IST FÜR VIELE EINE GROßE HERAUSFORDERUNG. MEIN TIPP: VERSUCHT ES DOCH EINFACH MAL. ÜBUNG MACHT DEN MEISTER. UND SELBST WENN ES ZU SEHR DURCH SEIN SOLLTE – MIT DER KÖSTLICHEN SAUCE SCHMECKT ES TROTZDEM. UND NACH EINER SOLCHEN STÄRKUNG KANN DER ABEND SO RICHTIG LOSGEHEN ...

FÜR DIE KALBSJUS:

> 1 KG KALBSKNOCHEN
> 5 EL PFLANZENÖL
> SALZ
> ½ ZWIEBEL
> ½ KAROTTE
> 100 G KNOLLENSELLERIE
> 2 EL TOMATENMARK
> 1 ZWEIG ROSMARIN
> 1 ZWEIG THYMIAN
> 1 KNOBLAUCHZEHE
> 500 ML ROTWEIN
> 250 ML RINDERBOUILLON
> PFEFFERKÖRNER NACH BELIEBEN
> 120 G KALTE BUTTER

FÜR DAS STEAK:

> 600 G RINDERFILET (2 STEAKS)
> SALZ UND PFEFFER
> 2 EL PFLANZENÖL
> GROBES MEERSALZ

1 Backofen auf 220 Grad Umluft vorheizen. Zunächst die Kalbsknochen mit 3 EL Pflanzenöl und Salz einreiben und auf ein Blech legen. Dann im Ofen ca. 1 ½ Stunden braun rösten.

2 Währenddessen die Zwiebel schälen, die Karotte und den Sellerie putzen, waschen und alles in 3 x 3 cm große Würfel schneiden. Die Würfel in einem Topf mit 2 EL Pflanzenöl scharf anbraten. Das Gemüse soll Röstaromen entwickeln. Nun Tomatenmark einrühren und ca. 1 Minute mitrösten, nicht länger, sonst entstehen Bitterstoffe.

3 Kräuter waschen und trocken schütteln, mit den Knochen und der angestoßenen Knoblauchzehe in den Topf geben und das Ganze mit der Hälfte des Rotweins ablöschen. Den Wein einkochen lassen, dabei mit einem Holzlöffel durchrühren und auch den Ansatz vom Topfboden lösen. Wenn der Wein fast ganz verkocht ist, diesen Vorgang noch einmal wiederholen.

4 Anschließend die Bouillon, die Pfefferkörner und etwas Salz hinzugeben und so viel Wasser angießen, dass die Knochen komplett bedeckt sind. Das Ganze ca. 3 Stunden köcheln lassen und zwischendurch etwas Wasser nachgießen. Die Sauce sollte nicht zu stark kochen, sonst entstehen Trübstoffe. Während des Kochens sammeln sich Schaum und Fett an der Oberfläche, diese immer wieder entfernen.

5 Wenn die Flüssigkeit auf ca. 300–400 ml eingekocht ist, den Topfinhalt durch ein Sieb in ein anderes Gefäß passieren. Nun die kalte Butter mit einem Pürierstab in die Sauce rühren, damit diese sämig wird.

6 Die Steaks mit Salz und Pfeffer würzen und in einer ofenfesten Pfanne im Pflanzenöl von jeder Seite ca. 3–4 Minuten scharf anbraten. Fleisch aus der Pfanne nehmen, auf einen Teller legen und kurz ruhen lassen. Dann das Fleisch wieder in die Pfanne geben und bei 160 Grad Umluft ca. 10–15 Minuten im Ofen garen. Steaks aus dem Ofen und aus der Pfanne holen und erneut 1 Minute ruhen lassen. Dann in Scheiben schneiden, mit Meersalz bestreuen und mit der Sauce servieren.

FÜR 2 PERSONEN

KATERFRÜHSTÜCK

EGGS BENEDICT

DAS IST WIRKLICH DAS PERFEKTE KATERFRÜHSTÜCK, WENN DIE NACHT EINMAL SEHR LANG WAR – SALZIG, WÜRZIG, NAHRHAFT. UND DIE EIER SCHMECKEN EINFACH IMMER. AUẞERDEM ... DIESES FRÜHSTÜCK MACHT SCHON EIN BISSCHEN EINDRUCK, NUR FÜR DEN FALL, DASS MAN DIE NACHT MAL NICHT ALLEIN VERBRACHT HAT UND JEMANDEN AM NÄCHSTEN MORGEN NOCH BEKOCHEN MÖCHTE.

FÜR DIE EIER:

> ½ ZWIEBEL
> 1 TOMATE
> 2 SCHEIBEN FRÜHSTÜCKSSPECK
> 3 STÄNGEL PETERSILIE
> 1 L WASSER
> 200 ML ESSIG
> 4 EIER
> 1–2 EL BUTTER
> SALZ UND PFEFFER

FÜR DIE SAUCE HOLLANDAISE:

> 50 ML WASSER
> 50 ML WEIẞWEIN
> 50 ML WEIẞWEIN-ESSIG
> 150 G BUTTER
> 3 EIGELB
> SALZ
> ½ EL ZITRONENSAFT
> 3 PFEFFERKÖRNER
> 1 SCHALOTTE
> 1 ZWEIG ESTRAGON

1 Zunächst für die Eier die Zwiebel schälen und in kleine Würfel schneiden. Die Tomate waschen, Stielansatz und Kerne entfernen und Fruchtfleisch ebenso wie den Speck klein würfeln. Die Petersilie waschen, trocken schütteln und in feine Streifen schneiden.

2 Wasser und Essig in einen Topf gießen, erhitzen und die Temperatur des Wassers knapp unter dem Siedepunkt halten (90 Grad). Jetzt die Eierschale eines Eis vorsichtig aufschlagen und Ei in eine Suppenkelle gleiten lassen. Die Kelle mit dem Ei in das Essigwasser eintauchen. Mit der Kelle das Ei unter Wasser zusammenhalten, damit das Eiweiß nicht zerfließt. Das Ei bleibt 3–4 Minuten im Wasser, bis das Eiweiß stockt. Das Eigelb soll aber noch flüssig bleiben. Diese Gartechnik nennt man Pochieren. Wichtig dabei: Das Wasser darf nicht kochen!! Das fertige Ei vorsichtig mit einer Schaumkelle aus dem Wasser heben und in einer Schüssel mit kaltem Wasser abschrecken. Anschließend auf einem Küchenpapier abtropfen lassen. Diesen Vorgang mit allen Eiern durchführen.

3 Backofen auf 180 Grad Ober-/Unterhitze vorheizen. Für die Zubereitung der Sauce hollandaise, siehe S. 91.

4 Die pochierten Eier auf ein mit Backpapier belegtes Blech legen. Die Tomate, die Zwiebel und den Speck in einer Pfanne mit Butter ca. 3 Minuten anschwitzen. Dann mit etwas Salz und Pfeffer würzen. Die Mischung auf den pochierten Eiern verteilen. Jetzt das Ganze mit ein paar Löffeln Sauce hollandaise bedecken und 3–4 Minuten im vorgeheizten Ofen gratinieren, bis die Sauce eine leichte Bräunung erhält.

5 Die Eier nun vorsichtig auf Tellern anrichten und mit etwas Petersilie garnieren. Gut dazu schmeckt geröstetes Brot.

PARLEZ-VOUS FRENCH TOAST?

FRENCH TOAST

FÜR 2 PERSONEN

FRENCH TOAST WAR IMMER UNSER FRÜHSTÜCK IN NEW ORLEANS, ALS MEIN VATER DORT GEDREHT HAT. IN DEM FILM HATTE AUCH ICH MEINE ERSTE MINIKLEINE ROLLE – ABER VIEL BEEINDRUCKENDER ALS DAS SCHAUSPIELERN FAND ICH DAMALS FRENCH TOAST. KURZ DANACH HABEN WIR ANGEFANGEN, DIE »WILDEN KERLE« ZU DREHEN, UND DA HABE ICH DANN REGELMÄßIG DIESEN TOAST ALS FRÜHSTÜCK FÜR DIE GANZE CREW ZUBEREITET.

V

VEGETARISCH

- 3 EIER
- 10 G ZUCKER
- 1 PRISE ZIMT
- 1 PRISE SALZ
- 4 SCHEIBEN BRIOCHE ODER TOAST
- BUTTER ZUM BRATEN
- PUDERZUCKER ZUM BESTÄUBEN
- AHORNSIRUP NACH BELIEBEN

1 Die Eier mit dem Zucker, dem Zimt und dem Salz in einer Schüssel mit dem Schneebesen verquirlen, bis sich der Zucker auflöst.

2 Die Brotscheiben nacheinander in das Ei tauchen, sodass sie sich gut vollsaugen. Dann in einer Pfanne mit Butter bei mittlerer Hitze von beiden Seiten braten, bis das Ei stockt und die Toasts goldbraun sind.

3 Die French Toasts auf Tellern anrichten, mit Puderzucker bestreuen oder mit Ahornsirup beträufeln. Dazu passen gut frische Früchte und Beeren.

FÜR 2 PERSONEN

2 BROKE GIRLS

CHILI CON CARNE

EIN CHILI IST SUPEREINFACH ZU MACHEN UND ZU VARIIEREN, IDEAL ALSO, WENN MAN NICHT VIEL IM HAUS HAT. ES SCHMECKT IMMER, LÄSST SICH GUT AUCH IN GROßEN MENGEN ÜBERALL MIT HINNEHMEN UND OFT AUFWÄRMEN. ICH LIEBE CHILI BESONDERS, WENN ES DRAUßEN KALT IST, DENN ES WÄRMT PERFEKT VON INNEN. WENN ICH KEINE FRISCHEN CHILISCHOTEN HABE, NEHME ICH »THE LOVE OF CHILIES« – DAS SIND GETROCKNETE, RICHTIG SCHARFE CHILIS MIT EINEM GANZ BESONDEREN AROMA.

> 150 G KIDNEYBOHNEN (AUS DER DOSE)
> 150 G MAIS (AUS DER DOSE)
> ½ WEIßE ZWIEBEL
> ½ ROTE PAPRIKASCHOTE
> 1 KLEINE KNOBLAUCHZEHE
> 1 CHILISCHOTE ODER ¼ TL THE LOVE OF CHILIES
> 150 G GESCHÄLTE TOMATEN (AUS DER DOSE)
> 200 G GEMISCHTES HACKFLEISCH
> 2 EL PFLANZENÖL
> SALZ UND PFEFFER
> 2 EL TOMATENMARK
> 2 EL WASSER
> 1 TL PAPRIKAPULVER, ROSENSCHARF
> ETWAS CAYENNEPFEFFER
> 1 PRISE ZUCKER

1 Zunächst die Kidneybohnen und den Mais in ein Sieb abgießen und kurz mit Wasser abspülen. Dann abtropfen lassen. Die Zwiebel schälen und in feine Würfel schneiden. Die Paprika waschen, putzen und ebenfalls klein schneiden. Den Knoblauch schälen, die Chilischote waschen, putzen und beides fein hacken. Die Schältomaten in ein Sieb abgießen, den Saft dabei in einem Behälter auffangen. Die Tomaten dann in kleine Würfel schneiden.

2 Jetzt das Hackfleisch in einem großen Topf mit Pflanzenöl scharf anbraten. Zwiebel, Paprika, Knoblauch und Chili dazugeben und ebenfalls anbraten, bis eine leichte Bräunung entsteht. Das Ganze mit Salz und Pfeffer würzen. Nun die Bohnen und den Mais in den Topf geben und kurz mit anschwitzen. Dann das Tomatenmark hinzufügen und kurz anbraten. Als Nächstes die Tomaten, den Tomatensaft und das Wasser dazugeben und das Ganze etwa 20 Minuten bei mittlerer Hitze abgedeckt köcheln lassen.

3 Anschließend Chili mit Paprikapulver, Cayennepfeffer und Zucker würzen und unter ständigem Rühren weitere 10 Minuten köcheln lassen, bis die gewünschte Konsistenz erreicht ist.

4 Zum Schluss das Chili noch einmal mit Salz abschmecken und danach heiß, zum Beispiel mit Baguette oder Reis, servieren. Wer möchte, kann es mit Petersilien- oder Basilikumblättern und etwas Crème fraîche garnieren.

FÜR 2 PERSONEN

BEEF

oder was?

RINDERTATAR

MIT 15 WAR ICH DAS ERSTE MAL AUF DEM OKTOBERFEST. WILLY UND ICH HABEN UNS HEIMLICH IN EINES DER ZELTE GESCHLICHEN UND ORDENTLICH GEFEIERT. BIER HABE ICH DAMALS NOCH NICHT SO VIEL VERTRAGEN UND BRAUCHTE DAHER SCHNELL ETWAS ORDENTLICHES ZU ESSEN. DA WAR DAS TATAR PERFEKT. MIT SENF, KAPERN UND EI WAR ICH FIX WIEDER FIT. KURZ DANACH WURDEN WIR VON DER POLIZEI ENTDECKT UND AUF DIE WACHE GEBRACHT, WO UNSERE EXTREM WÜTENDEN ELTERN UNS ABHOLEN MUSSTEN. ABER DAS WAR ES WERT.

FÜR DAS TATAR:

> 10 G SCHALOTTEN
> 10 G CORNICHONS
> 1 SARDELLENFILET (OPTIONAL)
> 10 G KLEINE KAPERN
> 150 G RINDFLEISCH (MAGERES FLEISCH, Z. B. FILET, HÜFTFILET, OBERSCHALE)
> 1 EIGELB
> 10 ML PFLANZENÖL
> 10 EL EINLEGEWASSER VON DEN CORNICHONS
> 1 TL SENF
> 1 TL KETCHUP
> SALZ UND PFEFFER

ZUM SERVIEREN:

> 2 SCHEIBEN SANDWICHBROT
> ¼ BUND SCHNITTLAUCH
> 1 EL CRÈME FRAÎCHE

1 Die Schalotten schälen und in feine Würfel schneiden. Die Cornichons, Sardellen und Kapern fein hacken. Das Rindfleisch in kleine Würfel schneiden und anschließend gut durchhacken.

2 Die vorbereiteten Zutaten in eine Schüssel füllen und zunächst nicht vermengen. Dann das Eigelb dazugeben. Nun die restlichen Zutaten zufügen und anschließend alles mit einem Löffel gut vermischen.

3 Sandwichbrot im Toaster (oder im Ofen) rösten und abkühlen lassen. Den Schnittlauch waschen, trocken schütteln und in feine Röllchen schneiden.

4 Das Tatar auf das Brot streichen, je einen Tupfer Crème fraîche daraufsetzen und den Schnittlauch darüberstreuen.

FÜR 2 PERSONEN

LAND IN SICHT

SURF-´N´-TURF-SPIEßE AUF SPARGELSALAT

mit Apfel-Miso-Dressing

DIESES REZEPT HABE ICH IN MEINER ERSTEN FOLGE DER »PROMI-KÜCHENSCHLACHT« GEKOCHT. ICH WEIß NOCH GENAU, DASS ALLE ÜBERZEUGT WAREN, ICH WÜRDE ALS ERSTER RAUSFLIEGEN, DA NIEMAND GEDACHT HAT, ICH KÖNNTE KOCHEN. UMSO GRÖßER WAR DIE ÜBERRASCHUNG (AUCH FÜR MICH!), DASS ICH ES AM ENDE SOGAR INS FINALE GESCHAFFT HABE …

FÜR DAS DRESSING:

- 75 ML TRAUBENKERNÖL ODER PFLANZENÖL
- 20 ML APFELESSIG
- 13 G MISOPASTE
- 15 ML WASSER
- 1 TL ZUCKER
- SALZ
- 1 SPRITZER ZITRONENSAFT
- 1 APFEL

FÜR DEN SPARGEL:

- 1 BUND GRÜNER SPARGEL
- SALZ
- 1 PRISE ZUCKER

FÜR DIE SPIEßE:

- 2 STÄNGEL GLATTE PETERSILIE
- 2 STÄNGEL KERBEL
- 250 G RUMPSTEAK ODER HÜFTSTEAK
- ½ ROTE ZWIEBEL
- 8 GESCHÄLTE TK-BLACK-TIGER-GARNELEN (AUFGETAUT)
- 4 HOLZSPIEßE
- 1 EL MISOPASTE
- 1 TL SOJASAUCE
- 1 TL WASSER
- 1 TL ZUCKER
- 2 EL PFLANZENÖL

1 Für das Dressing alle Zutaten bis auf den Apfel in eine Schüssel geben und mit einem Schneebesen gut zu einer cremigen Sauce verrühren. Jetzt den Apfel waschen, entkernen und mit einer feinen Reibe in das Dressing reiben. Danach das Dressing noch einmal gut durchrühren und kaltstellen.

2 Als Nächstes den Spargel waschen und am unterem Ende abbrechen. (Der Spargel bricht von allein an den holzigen Stellen.) Dann den Spargel je nach Dicke in einem Topf mit kochendem Wasser, Salz und Zucker 4–5 Minuten garen. Im Anschluss sofort in einer Schüssel mit eiskaltem Wasser abschrecken. Dadurch bleibt der Spargel schön grün und knackig. Spargel aus dem Wasser nehmen, wenn er ausgekühlt ist.

3 Die Petersilie und den Kerbel waschen, trocken schütteln, grob hacken und beiseitestellen.

4 Nun das Fleisch in ca. 2 ½ x 2 ½ cm große Würfel schneiden. Die rote Zwiebel schälen und in zum Fleisch passende Stücke schneiden. Jetzt Fleisch, Garnelen und Zwiebelstücke abwechselnd auf die Holzspieße stecken.

5 Misopaste, Sojasauce, Wasser und Zucker in einer Schüssel verrühren, bis der Zucker sich aufgelöst hat, und die Spieße dann mit einem Pinsel dünn damit bestreichen. Anschließend die Spieße in einer heißen Pfanne im Pflanzenöl 3–4 Minuten rundum gar braten und anschließend auf einem Küchenpapier abtropfen lassen.

6 Den Spargel auf flachen Tellern anrichten und etwas Dressing darüberträufeln. Je 2 Spieße über Kreuz auf den Spargel legen und auch die mit dem Dressing beträufeln. Zum Schluss das Ganze mit Petersilie und Kerbel garnieren.

MIT SPARE EINEN STRIKE WERFEN!

vom Schwein (auch mit Kalb möglich)

SPARERIBS

FÜR 4 PERSONEN

ICH BIN EIN GANZ GROẞER RIB-FAN. NUR SELTEN SIND DIE ABER GUT ZUBEREITET. MAL SIND SIE ZÄH, DANN ZU FETT, ODER SIE HABEN KEINE GUTE SAUCE. MIT DIESEM REZEPT GELINGEN DIE RIBS GARANTIERT UND WERDEN SO ZART, DASS SIE FAST VOM KNOCHEN FALLEN. DEN TIPP HAT MIR EIN KUMPEL GEGEBEN, MIT DEM ICH DAS MODE-LABEL »RACKS & ROOKIES« GEGRÜNDET HABE. DA SAG NOCH MAL JEMAND, IN DER FASHION-INDUSTRIE WÜRDE NICHT RICHTIG GEGESSEN!

- 20 G FRISCHE INGWERWURZEL
- 3 ZWIEBELN
- 3 KNOBLAUCHZEHEN
- 100 G HONIG ODER AHORNSIRUP
- 200 G BBQ-SAUCE
- 60 ML APFELESSIG
- 50 ML SOJASAUCE
- 1 EL LEBKUCHENGEWÜRZ
- 1 EL BBQ-GEWÜRZ
- 50 ML PFLANZENÖL
- 1 TL SALZ
- 2 KG SCHWEINERIPPCHEN

1 Ingwer, Zwiebeln und Knoblauch schälen. Ingwer und Knoblauch fein reiben und Zwiebel fein hacken. Gemüse mit den restlichen Zutaten bis auf die Rippchen in eine Schüssel geben und kräftig miteinander zu einer Marinade verrühren.

2 Backofen auf 120 Grad Umluft vorheizen. Die Rippchen auf einen Ofenrost legen. Anschließend den Rost auf ein tiefes Blech mit Wasser darin setzen. Die Rippchen und das Blech dann komplett mit Alufolie abdecken. Nun das Fleisch im vorgeheizten Ofen ca. 1 ½ Stunden garen. Je nach gewünschter Konsistenz kann die Garzeit auf 2 Stunden verlängert werden. Die Rippchen werden durch den Dampf des im Blech kochenden Wassers ganz schonend gegart. Zwischendurch überprüfen, ob etwas Wasser nachgegossen werden muss.

3 Die Rippchen nach dem Garen etwas abkühlen lassen und ordentlich mit der Marinade bestreichen. Dann die Ofentemperatur auf 160 Grad Umluft erhöhen und die Rippchen auf dem Ofenrost ca. 30 Minuten im Ofen garen.

4 Die Rippchen herausnehmen und noch einmal dünn mit der Marinade bestreichen und anschließend ca. 10 Minuten bei 200 Grad Oberhitze in den Ofen schieben. Die Marinade soll dadurch etwas karamellisieren und eine Kruste bilden.

Das Rezept funktioniert übrigens auch mit Kalbfleisch. Allerdings werden diese Rippchen dann nur 30–45 Minuten bei 120 Grad Umluft im Ofen gedämpft und anschließend bei 160 Grad Umluft nur 25–30 Minuten mit der Marinade in den Ofen geschoben.

FÜR 2 PERSONEN

BLUE-CHEESE-BURGER

I love Burger

MIT ROSMARIN-SPECK, SÜßKARTOFFELPOMMES UND GUACAMOLE

IN DER SENDUNG »DIE KÜCHENSCHLACHT« HABE ICH DIESEN BURGER ZUBEREITET. DA MÖCHTE ICH NATÜRLICH AUCH EUCH ZEIGEN, WIE DER GEHT. LEIDER HABE ICH AM ENDE NICHT GEWONNEN. LIEBE KATRIN MÜLLER-HOHENSTEIN, DU HAST WIRKLICH VERDIENT GESIEGT ... ABER ICH FREUE MICH SCHON AUF DIE REVANCHE! UND MEIN BURGER IST AUF JEDEN FALL BEIM FILMESCHAUEN MIT FREUNDEN IMMER DIE NUMMER EINS.

FÜR DIE POMMES:
- 2 SÜßKARTOFFELN
- 1 EL SPEISESTÄRKE
- 1 TL PAPRIKAPULVER, ROSENSCHARF
- 1 PRISE CAYENNEPFEFFER
- ½ TL SALZ

FÜR DEN BURGER:
- 2 ROTE ZWIEBELN
- 500 G RINDERHACKFLEISCH
- SALZ UND SCHWARZER PFEFFER AUS DER MÜHLE
- 1 TL DIJON-SENF
- 4 EL WORCESTERSAUCE
- 20 ML NEUTRALES PFLANZENÖL
- 100 G BLAUSCHIMMELKÄSE
- 4 KLEINE HAMBURGER-BRÖTCHEN MIT SESAM
- 1 TOMATE

FÜR DEN SPECK:
- 4 TL ZUCKER
- 2 TL HONIG
- 2 EL SOJASAUCE
- 6 SCHEIBEN FRÜHSTÜCKSSPECK (BACON)
- 4 ZWEIGE ROSMARIN

FÜR DIE GUACAMOLE:
- 2 REIFE AVOCADOS
- 4 COCKTAILTOMATEN
- 1 LIMETTE
- 2 KNOBLAUCHZEHEN
- 1 PRISE CAYENNEPFEFFER
- SALZ UND SCHWARZER PFEFFER AUS DER MÜHLE

1 Den Backofen auf 180 Grad Umluft vorheizen. Für die Pommes die Süßkartoffeln schälen, waschen und in Stäbchen schneiden. Mit der Stärke in einen Plastikbeutel geben, diesen verschließen und die Stäbchen in der Stärke wälzen. Dann auf ein mit Backpapier belegtes Blech legen und im Ofen 25–30 Minuten garen. Mit Paprikapulver, Cayennepfeffer und Salz würzen.

2 Für die Pattys eine Zwiebel abziehen, klein schneiden, in eine Schüssel geben und mit dem Hackfleisch vermengen. Mit Salz, Pfeffer, Senf und Worcestersauce würzen. Das Fleisch zu vier Pattys formen und diese in einer Pfanne mit Öl 2–3 Minuten von jeder Seite anbraten. Die zweite Zwiebel abziehen, in Ringe schneiden und in der Pfanne mitbraten. Nun den Käse auf dem Fleisch zerkrümeln und zerfließen lassen, dann die Zwiebeln auf den Pattys verteilen. Währenddessen die Burgerbrötchen auf dem Toaster (oder im Ofen) etwas anrösten. Die Tomate waschen und in Scheiben schneiden.

3 Für den Rosmarin-Speck den Zucker in einer Schüssel mit dem Honig und der Sojasauce verrühren. Den Bacon durch die Masse ziehen und in einer heißen Pfanne mit den (gewaschenen und trocken getupften) Rosmarinzweigen anbraten.

4 Für die Guacamole die Avocados halbieren, die Kerne entfernen und das Fruchtfleisch aus der Schale lösen. Cocktailtomaten waschen und klein schneiden. Die Limette auspressen. Knoblauch abziehen und hacken. In einer Schüssel Avocado, Tomaten, Knoblauch und Limettensaft mit einem Löffel zerdrücken und vermischen. Mit Cayennepfeffer, Salz und Pfeffer abschmecken.

FÜR DEN SALAT:

- 50 G GEMISCHTER BLATTSALAT
- 1 TL DUNKLER BALSAMICO

5 Den Salat waschen, trocken schütteln, etwas klein zupfen, in eine Schüssel geben und mit einem Dressing aus Essig, Öl, Salz und Pfeffer anmachen. Die Brötchen mit den Pattys, dem Salat und den Tomatenscheiben belegen und mit Rosmarin-Speck, Süßkartoffelpommes und Guacamole servieren.

- 2 EL OLIVENÖL
- SALZ UND SCHWARZER PFEFFER AUS DER MÜHLE

ICH TRAGE MANTEL

LACHSSTREIFEN IM PANKOMANTEL

auf Süßkartoffelpüree

FÜR 2 PERSONEN

PANKOMEHL IST EIN KLEINER GEHEIMTIPP. DENN DIE PANIERTEN SACHEN SCHMECKEN VIEL BESSER, ALS WENN MAN NORMALES MEHL VERWENDET. UND WEIL ES IN MEINEM FREUNDESKREIS AUCH LEUTE GIBT, DIE GAR KEIN FLEISCH ESSEN, IST DIESES REZEPT MIT LACHS STATT MIT HÄHNCHENFLEISCH EINE IDEALE ALTERNATIVE.

FÜR DEN LACHS:

- 3 EIER
- 1 HANDVOLL MEHL
- 500 G PANKOMEHL
- 360 G LACHSFILET
- SALZ UND PFEFFER
- 2–3 EL ÖL

FÜR DAS PÜREE:

- 300 G SÜß-KARTOFFELN
- ½ ZWIEBEL
- ½ CHILISCHOTE
- SALZ
- 100 G CRÈME FRAÎCHE
- 50 G BUTTER
- PFEFFER

1 Zunächst die Eier in einer Schüssel mit dem Schneebesen verquirlen. Das Mehl auf einen flachen Teller geben und das Pankomehl in einen tiefen Teller füllen.

2 Den Lachs in 6 gleich große Streifen schneiden, mit Salz und Pfeffer würzen. Die Lachsstreifen erst im Mehl wenden. Anschließend in das aufgeschlagene Ei tauchen, bis die Streifen komplett damit überzogen sind. Danach im Pankomehl wälzen. Die Panade fest andrücken. Lachsstreifen auf einen Teller legen und kaltstellen

3 Die Süßkartoffeln und die Zwiebel schälen und anschließend in grobe Würfel schneiden. Die Chilischote putzen, waschen und klein schneiden. Das Gemüse in einen Topf mit kaltem Wasser geben. Die Kartoffeln sollten knapp mit dem Wasser bedeckt sein. Etwas Salz zufügen. Topf auf den Herd stellen und Wasser zum Kochen bringen. Dann die Kartoffeln ca. 25 Minuten kochen. Um festzustellen, ob sie fertig sind, mit einem Messer in ein Stück hineinstechen. Rutscht die Kartoffel ab, ist sie gar.

4 Das Gemüse durch ein Sieb abgießen und kurz ausdampfen lassen. Dann in einer Schüssel mit einem Kartoffelstampfer zerdrücken. Crème fraîche und Butter untermischen. Anschließend Püree mit Salz und Pfeffer würzen und noch mal gut durchrühren.

5 Die panierten Lachsstreifen in einer heißen Pfanne im Öl goldbraun braten, danach auf einem Küchenpapier abtropfen lassen und etwas salzen. Mit dem Süßkartoffelpüree servieren.

JIMIS SCHOKOLADEN-FABRIK

SCHOKO-NUSS-BROWNIES

1 BACKFORM (30 X 30 CM, 5 CM HOCH)

EGAL OB ICH GUT DRAUF BIN, STRESS HABE ODER MAL WAS NICHT SO SUPER LÄUFT, SCHOKOLADE IST EIGENTLICH IMMER GENAU RICHTIG. UND WENN DANN ZU DEM SCHOKOLADIGEN GESCHMACK NOCH DAS FEINE NUSSAROMA DAZUKOMMT – NJAMMMMM! DA MUSS MAN ECHT FIX SEIN, DASS EINEM DIE ANDEREN NICHT GANZ SCHNELL ALLES WEGFUTTERN!

V

VEGETARISCH

- 400 G GEMISCHTE GANZE NÜSSE
- 175 G KUVERTÜRE 50 % KAKAOANTEIL
- 250 G KUVERTÜRE 70 % KAKAOANTEIL
- 6 EIER
- 250 G ZUCKER
- 100 G MEHL TYPE 405
- 50 G KAKAO
- 1–2 TL BACKPULVER
- 250 ML PFLANZENÖL

1 Backofen auf 160 Grad Umluft vorheizen. Die Nüsse auf einem Blech im vorgeheizten Ofen ca. 5–7 Minuten rösten und anschließend auskühlen lassen. Nach dem Auskühlen die Nüsse hacken und beiseitestellen. Die Kuvertüre mit 50 % Kakaoanteil ebenfalls hacken und in eine Schüssel geben.

2 Nun die Kuvertüre mit 70 % Kakaoanteil in eine Schüssel geben und über einem Wasserbad (Topf mit kochendem Wasser, auf den ihr die Schüssel stellen könnt) schmelzen.

3 Die Eier und den Zucker in eine große Schüssel geben und mit einem Handrührgerät schaumig schlagen, bis der Zucker sich auflöst. Nun das Mehl, den Kakao, das Backpulver und die geschmolzene Kuvertüre nach und nach zufügen und gut verrühren. Zum Schluss das Öl, die gehackte Kuvertüre und die Nüsse unter die Masse rühren und alles gut vermengen.

4 Jetzt eine Backform mit Backpapier auslegen. Anschließend den Teig hineinfüllen und im Ofen bei 160 Grad Umluft 45–50 Minuten backen. Zum Überprüfen, ob die Brownies fertig gebacken sind, einen Holzspieß in die Mitte stechen. Bleibt flüssiger Teig daran haften, Kuchen noch ein paar Minuten im Ofen weiterbacken.

5 Ist der Kuchen fertig, kurz in der Form abkühlen lassen und anschließend mit dem Backpapier vorsichtig herausheben. Dann nach Belieben in Stücke schneiden.

JA, GRÜÜÜTZI!

ROTE GRÜTZE

FÜR 2 PERSONEN

WIR HATTEN FRÜHER VIELE OBSTBÄUME UND -STRÄUCHER IM GARTEN UND WUSSTEN OFT NICHT, WAS WIR MIT ALL DEN FRÜCHTEN MACHEN SOLLTEN. MEINE MUTTER HAT DANN MARMELADE GEKOCHT, MEIN VATER OBSTSALAT GEMACHT – UND MEIN FAVORIT WAR ROTE GRÜTZE. DIE GEHT SUPEREINFACH UND MAN KANN SIE MIT TIEFGEKÜHLTEM OBST DAS GANZE JAHR ÜBER UND LEICHT IN GROẞEN MENGEN FÜR EIN PARTYBÜFFET ODER GEFRÄẞIGE FREUNDE ZUBEREITEN

V

VEGAN MÖGLICH

- 50 G ZUCKER
- 100 ML WASSER + ETWAS FÜR DIE SPEISESTÄRKE
- 300 G GEMISCHTE TK-BEEREN
- 50 ML PORTWEIN
- ½ ZIMTSTANGE
- 1 STERNANIS
- 20 G SPEISESTÄRKE

1 Zucker und Wasser in einen Topf geben, der Zucker sollte gerade mit Wasser bedeckt sein. Die Masse nun erhitzen und warten, bis das Wasser verdunstet ist und der Zucker anfängt zu karamellisieren. Aber Achtung, dass der Zucker nicht anbrennt.

2 Als Nächstes die gefrorenen Beeren in den Topf schütten und alles mit einem Kochlöffel umrühren und köcheln lassen. Nach ca. 3 Minuten mit dem Portwein ablöschen und Zimtstange und Sternanis dazugeben. Nun alles weitere 10 Minuten köcheln lassen.

3 Die Speisestärke separat in einer Tasse mit etwas Wasser (oder Beerenfruchtsaft) auflösen und dann in den Topf geben. Noch ca. 2 Minuten weiterkochen, bis die Masse andickt.

4 Die Grütze in eine Schüssel umfüllen, dabei Zimtstange und Sternanis entfernen. Grütze kaltstellen oder heiß servieren. Gut passt dazu Vanilleeis oder -sauce.

Ich nehme wenig Zucker, dann ist sie etwas säuerlich, und sauer macht ja bekanntlich lustig. Vanilleeis passt super dazu, das ist dann ja süß genug!

FAMILY & FRIENDS

GENÜGEND ZEIT MIT MEINEN FREUNDEN UND MEINER FAMILIE ZU VERBRINGEN, IST DAS WICHTIGSTE FÜR MICH. SUPERCOOL FINDE ICH ES VOR ALLEM, GEMEINSAM ETWAS SCHÖNES ZU KOCHEN ODER AUCH DIE LIEBSTEN MIT EINEM LECKEREN DINNER ZU ÜBERRASCHEN. GERNE GREIFE ICH DA AUCH AUF TRADITIONELLE FAMILIENGERICHTE ZURÜCK, DIE ICH LIEBE. IN DIESEM KAPITEL FINDET IHR MEINE FAVORITEN, MIT DENEN IHR EURE FAMILIE VERWÖHNEN, FREUNDE BEKOCHEN UND EUCH SELBST ETWAS GUTES TUN KÖNNT – IDEAL FÜR BESONDERE ANLÄSSE ODER EINFACH NUR SO …

FÜR 2 PERSONEN

ICH LIEBE KAPÜ

RINDERROULADEN MIT KARTOFFELPÜREE

und Rotkohlsalat

ES GIBT DIESE GERICHTE, DIE MAN IMMER MIT ZU HAUSE VERBINDET – RINDERROULADEN ZUM BEISPIEL, DENN DIE SIND DIE SPEZIALITÄT MEINER MUTTER. MIT IHNEN HAT SIE SOGAR DAS »PROMI-DINNER« GEWONNEN. BESONDERS PRAKTISCH: MAN KANN SIE WUNDERBAR VORKOCHEN UND DANN RECHTZEITIG ZUM ESSEN EINFACH NOCH MAL WARM MACHEN.

FÜR DIE ROULADEN:

- 1 ZWIEBEL
- 3 EL PFLANZENÖL
- 1 DICKE ESSIGGURKE
- 4 RINDERROULADEN, JEWEILS 160 G
- SALZ UND PFEFFER
- 4 EL MITTELSCHARFER SENF
- 8 SCHEIBEN FETTER, WEIẞER SPECK
- HOLZSPIEẞE/ ZAHNSTOCHER

FÜR DIE SAUCE:

- 50 G KAROTTE
- 50 G KNOLLENSELLERIE
- 50 G ZWIEBEL
- 1 KNOBLAUCHZEHE
- 2 EL PFLANZENÖL
- 1 EL TOMATENMARK
- 500 ML ROTWEIN
- 500 ML WASSER
- 500 ML RINDERBRÜHE
- SALZ
- JE 1 ZWEIG ROSMARIN, THYMIAN, MAJORAN
- 1 LORBEERBLATT
- 3 WACHOLDERBEEREN
- 5 SCHWARZE PFEFFERKÖRNER
- 150 G KALTE BUTTER

1 Für die Rouladen zunächst die Zwiebel schälen und in Würfel schneiden. Danach in einer heißen Pfanne mit 1 EL Pflanzenöl anschwitzen. Die Essiggurke längs vierteln.

2 Das Fleisch mit Salz und Pfeffer würzen und anschließend mit je 1 EL Senf bestreichen. Die Speckscheiben längs auf das Fleisch legen, die Zwiebel und Essiggurke ans Ende jeder Roulade platzieren, das Fleisch eng aufrollen und mit je 2 Zahnstochern fixieren. Dabei am besten durch die Gurke stechen, das gibt der Roulade Halt. Nun die Rouladen in einem heißen Topf mit 2 EL Pflanzenöl von beiden Seiten je 5 Minuten scharf anbraten. Danach aus dem Topf nehmen und warmstellen.

3 Für die Sauce Karotte, Knollensellerie und Zwiebel putzen, schälen und in grobe Würfel schneiden. Den Knoblauch anstoßen (mit Schale). Das vorbereitete Gemüse in dem Topf, in dem das Fleisch gebraten wurde, mit dem Pflanzenöl rösten. Jetzt das Tomatenmark dazugeben und das Gemüse weiter garen, bis es weich ist. Nicht zu lange, denn sonst bildet das Tomatenmark Bitterstoffe. Nun ein Drittel des Rotweins angießen und stark einkochen lassen, bis kaum noch Flüssigkeit vorhanden ist. Dabei ständig mit einem Holzlöffel rühren. Diesen Vorgang noch zweimal wiederholen und anschließend die Rouladen wieder in den Topf zum Gemüse geben.

4 Wasser und Brühe angießen, sodass die Rouladen komplett damit bedeckt sind. Salz, gewaschene Kräuter und Gewürze hinzufügen. Die Rouladen ca. 1 ½ Stunden köcheln lassen. Anschließend aus dem Topf heben und warmstellen.

5 Jetzt die Flüssigkeit auf ca. 500 ml einkochen, dann alles durch ein feines Sieb passieren und die Sauce wieder in den Topf geben. Kalte Butter in Würfel schneiden, nach und nach mit dem Rührstab einrühren, sodass sich die Sauce bindet. Eventuell noch mit etwas Salz nachwürzen. >

FÜR DEN ROTKOHL:
> 200 G ROTKOHL (BLAUKRAUT)
> 2 SAURE ÄPFEL
> 1 ZWIEBEL
> 5 GETROCKNETE NELKEN
> 150 ML WASSER
> 2 EL ZUCKER
> 1 PRISE ZIMT
> 40 ML FRISCH GEPRESSTER ORANGENSAFT
> 20 ML FRISCH GEPRESSTER ZITRONENSAFT
> 1 TL FLÜSSIGER HONIG
> 80 ML TRAUBENKERNÖL
> 5 ML APFELESSIG
> SALZ UND PFEFFER

FÜR DAS KARTOFFELPÜREE:
> 200 G MEHLIGKOCHENDE KARTOFFELN
> SALZ
> 75 ML MILCH
> 25 G BUTTER
> PFEFFER
> ETWAS GERIEBENE MUSKATNUSS

6 Für die Zubereitung der Beilagen vom Rotkohl die äußeren Blätter ablösen und den Strunk herausschneiden. Dann den Kohl waschen, mit einem Küchenpapier trocken tupfen und sehr fein schneiden. Die Äpfel schälen, das Kerngehäuse entfernen und das Fruchtfleisch klein schneiden. Die Zwiebel schälen und mit den Nelken spicken. Rotkohl, Apfel und Zwiebel in einen Topf geben, das Wasser angießen und zum Kochen bringen. Zucker und Zimt einrühren und den Rotkohl ca. 50 Minuten garen. Dann durch ein Sieb abgießen.

7 Aus Orangen- und Zitronensaft, Honig, Traubenkernöl, Apfelessig, Salz und Pfeffer in einer Schüssel ein Dressing anrühren und den Rotkohl damit anmachen.

8 Die Kartoffeln schälen, waschen, grob zerteilen und in einem Topf mit Salzwasser in etwa 25 Minuten weich kochen. Durch ein Sieb abgießen. Kartoffeln wieder in den Topf geben, Milch und Butter dazugeben und alles mit einem Rührgerät oder Kartoffelstampfer zu Püree zerkleinern. Mit Salz, Pfeffer und Muskat abschmecken.

9 Die Rouladen vor dem Anrichten noch kurz in der Sauce erwärmen und dann mit Kartoffelpüree sowie Rotkohl servieren.

51

WINNER, WINNER, CHICKEN DINNER

HUHN MIT GEMÜSE *und Biersauce*

FÜR 2 PERSONEN

WIR BAYERN LIEBEN JA UNSER HENDL UND NATÜRLICH UNSER BIER. DA BIN ICH KEINE AUSNAHME – AUCH WENN ICH MITTLERWEILE MANCHMAL GERNE WEIN TRINKE. DOCH BIER TRINKE ICH NICHT NUR GERN, MAN KANN DAMIT AUCH KÖSTLICH KOCHEN. DAS GIBT DANN EINE WUNDERBAR WÜRZIGE SAUCE. UND WAS PASST DA AM BESTEN DAZU? KNÖDEL NATÜRLICH!

- 2 KAROTTEN
- ¼ KNOLLENSELLERIE
- 4 SPEISEKARTOFFELN
- 4 KLEINE ZWIEBELN
- 2 KNOBLAUCHZEHEN
- 2 HÄHNCHENSCHENKEL (500 G)
- SALZ UND PFEFFER
- 2 EL PFLANZENÖL
- 1 EL TOMATENMARK
- 1 LORBEERBLATT
- 2 ZWEIGE THYMIAN
- 3 PFEFFERKÖRNER
- 2 WACHOLDERBEEREN
- 1 FLASCHE DUNKELBIER
- 1 EL KALTE BUTTER

1 Zunächst Karotten, Sellerie und Kartoffeln schälen, putzen und waschen. Zwiebeln schälen. Das Gemüse grob in 3 x 3 cm große Würfel schneiden. Den Knoblauch ebenfalls schälen und mit der Hand oder einem Messer zerdrücken.

2 Die Hähnchenschenkel mit Salz und Pfeffer einreiben. Öl in einem Topf erhitzen und die Schenkel darin rundum anbraten.

3 Die restlichen Zutaten (außer dem Dunkelbier und der Butter) in den Topf geben und alles 4 Minuten scharf braten. Danach alles mit dem Bier ablöschen und weitere 20 Minuten bei mittlerer Hitze köcheln lassen.

4 Das Gemüse und das Hähnchen mithilfe einer Schaumkelle aus dem Topf heben und warm stellen. Die Sauce nun noch einmal aufkochen und etwas reduzieren. Die kalte Butter einrühren und die Sauce damit binden. Hähnchen und Gemüse auf vorgewärmten Tellern anrichten und mit der Sauce begießen.

Special

FÜR 4 PERSONEN

HALLOWEEN KÜRBISSUPPE

WIR SIND IN DER FAMILIE RIESIGE HALLOWEEN-FANS. DENN WIR LIEBEN ES, UNS ZU VERKLEIDEN, UND MEINE MUTTER FEIERT JA AUCH JEDES JAHR MIT GANZ VIELEN FREUNDEN UND PROMINENTEN EINE GROSSE PARTY IM BERLIN DUNGEON. DIESES JAHR KOCHE ICH FÜR ALLE GÄSTE MEINE KÜRBISSUPPE, BEI DER INGWER FÜR EINE GANZ SPEZIELLE SCHÄRFE SORGT.

V

VEGAN MÖGLICH

- 350 G HOKKAIDO-KÜRBIS
- 30 G KAROTTEN
- 20 G FRISCHE INGWERWURZEL
- 100 G ZWIEBELN
- ½ KNOBLAUCHZEHE
- ½ CHILISCHOTE
- 175 G BUTTER ODER OLIVENÖL
- 1 PRISE ZUCKER
- 1 TL CURRYPULVER
- 1 PRISE CAYENNE-PFEFFER
- 1 EL SALZ
- 100 ML WEISSER PORTWEIN
- 550 ML GEFLÜGEL-FOND ODER WASSER
- 75 ML SAHNE ODER KOKOSMILCH
- KÜRBISKERNÖL NACH BELIEBEN
- KÜRBISKERNE NACH BELIEBEN
- FRISCHER KERBEL NACH BELIEBEN

1 Zunächst den Kürbis halbieren, Kerne und Fasern entfernen und die Schale mit einem Messer abschneiden. Danach das Fruchtfleisch in ca. 2–3 cm große Würfel schneiden. Jetzt die Karotten, den Ingwer, die Zwiebeln sowie den Knoblauch schälen. Karotte und Zwiebel klein würfeln, Knoblauch und Ingwer hacken. Die Chilischote, putzen, waschen und fein hacken. Nun alle vorbereiteten Zutaten in einem Topf mit 75 g der Butter oder Olivenöl ca. 7–8 Minuten farblos anschwitzen.

2 Als Nächstes den Zucker und die anderen Gewürze hinzufügen, kurz anbraten und dann mit dem Portwein ablöschen. Danach den Portwein 2–3 Minuten einkochen lassen. Geflügelfond oder Wasser angießen und Suppe ca. 45 Minuten köcheln lassen.

3 Zum Schluss die Sahne oder Kokosmilch unterrühren und die Suppe noch einmal 5 Minuten kochen lassen. Dann mit einem Stabmixer fein pürieren und anschließend mit einer Kelle durch ein Sieb drücken. Suppe wieder in den Topf geben. Den Rest der Butter in Würfel schneiden (oder das Olivenöl verwenden) und mit einem Stabmixer unter die heiße Suppe rühren (montieren).

4 Wer möchte, kann vor dem Servieren noch etwas Kürbiskernöl über die Suppe träufeln, geröstete Kürbiskerne darüberstreuen und frischen Kerbel als Garnitur verwenden.

JIMI BLUES SUPERTIPP

Falls die Suppe zu fettig geworden ist, einfach ein Stück trockenes Brot hineingeben, das saugt das Fett auf – funktioniert übrigens auch mit Saucen.

FÜR 3 PERSONEN

FLIPPED RISOTTO

KÜRBISRISOTTO *mit Serranoschinkenchips*

SÜßES, SONST GIBT'S SAURES – NACH DIESEM RISOTTO SCHAFFT MAN GARANTIERT NICHTS ANDERES SÜßES MEHR. ICH ESSE IMMER VIEL ZU VIEL DAVON. MIR GEFÄLLT BESONDERS DER KONTRAST VON DER SÜßE DES KÜRBISSES UND DER WÜRZE DER KNACKIGEN SERRANOSCHINKENCHIPS. UND DANN NOCH DER CREMIGE REIS DAZU … DAMIT HABE ICH SCHON EINIGE KUMPELS BEGEISTERT. DAS GEHEIMNIS DES ERFOLGS? ZEIT LASSEN.

V

VEGETARISCH MÖGLICH

- 40 G KÜRBISKERNE
- 4 SCHEIBEN SERRANOSCHINKEN
- 1 HOKKAIDO-KÜRBIS
- 6 EL OLIVENÖL
- ETWAS ZUCKER
- SALZ UND PFEFFER
- 60 G SCHALOTTEN
- 250 G RISOTTO-REIS
- 100 ML WEIßWEIN
- 250 ML GEMÜSE- ODER FLEISCHBRÜHE
- 100 G BUTTER
- 50 G GERIEBENER PARMESAN
- 4 TL KÜRBISKERNÖL

1 Backofen auf 180 Grad Umluft vorheizen. Zuerst die Kürbiskerne in einer heißen Pfanne ohne Öl anrösten. Danach die Kerne auf einen Teller legen und auskühlen lassen.

2 Als Nächstes den Serranoschinken auf ein Blech mit Backpapier legen und 8–10 Minuten im Ofen backen. Anschließend die Schinkenchips auf einem Küchenpapier auskühlen lassen.

3 Nun den Hokkaido-Kürbis waschen, halbieren, Kerne und Fasern mit einem Löffel herauskratzen. Das Innere mit 2 EL Olivenöl bestreichen und mit 1 Prise Zucker und Salz würzen. Die Kürbishälften in Alufolie einschlagen, auf ein Backblech setzen und 45–50 Minuten bei 130 Grad Umluft im Ofen garen. Danach den Kürbis aus der Folie nehmen, das gegarte Fruchtfleisch mit einem Löffel herauskratzen und in einer Schüssel mit etwas Salz, Pfeffer und 2 EL Olivenöl fein pürieren.

4 Die Schalotten schälen und in feine Würfel schneiden. Einen großen Topf mit 2 EL Olivenöl leicht erhitzen und die Schalotten darin farblos anschwitzen. Nun den Reis dazugeben und 3 Minuten ebenfalls farblos anschwitzen. Das Ganze mit Salz und Zucker würzen, den Weißwein angießen und 2–3 Minuten kochen lassen. Nun so viel Gemüsebrühe dazugießen, dass der Reis komplett bedeckt ist. Reis weiterköcheln, immer wieder umrühren und Brühe nachgießen, sobald der Reis die Flüssigkeit aufgenommen hat. Diese Prozedur wird wiederholt, bist der Reis fertig gegart ist und die Flüssigkeit aufgesogen ist. Das dauert ca. 30 Minuten.

5 Jetzt die Butter und den Parmesan in den Reis rühren. Zuletzt etwas Kürbispaste untermischen, bis der gewünschte Geschmack erreicht ist. Das Risotto in tiefen Tellern anrichten, mit Kürbiskernöl beträufeln und mit den Kürbiskernen und den Schinkenchips garnieren.

mit Dip

FAMILY FIRST ARTISCHOCKEN

FÜR 2 PERSONEN

MEINE MUTTER UND MEINE SCHWESTER LIEBEN ARTISCHOCKEN – EGAL OB FRISCH ODER AUF ARTISCHOCKEN-THUNFISCH-PIZZA. IRGENDWANN HATTEN WIR ABENDS TOTAL APPETIT DARAUF – ABER KEINE LUST, AUFWENDIG PIZZATEIG ZU MACHEN. ALSO HABEN WIR AUS DEM VORRAT EINFACH EINEN FRISCHEN DIP IMPROVISIERT. UND SO IST DIESES GERICHT ENTSTANDEN: GEHT SCHNELL UND SCHMECKT SUPER – UND IST VIEL GESÜNDER ALS PIZZA!

V

VEGETARISCH

FÜR DIE ARTISCHOCKEN:

> 1 GROßE ODER 2 KLEINE FRISCHE ARTISCHOCKEN
> SAFT VON 2 ZITRONEN
> 20 G SALZ
> 20 G ZUCKER

FÜR DEN DIP:

> 150 G CRÈME FRAÎCHE
> 75 G JOGHURT 3,5 % FETT
> 1 EL ZITRONENSAFT
> 2 EL BASILIKUM-PESTO
> 2 EL GROBER ENGLISCHER SENF
> 1 PRISE ZUCKER
> 1 TL WORCESTERSAUCE
> SALZ UND PFEFFER

1 Bei den Artischocken zunächst mit einer Schere die Spitze und die Blattspitzen etwas abschneiden. Dann Artischocken auf die Seite legen und den Stiel vorsichtig nach unten herausbrechen, sodass die Fäden aus dem »Herz« und dem Boden der Artischocke mit herausgezogen werden. (Das erleichtert später den Verzehr des Artischockenbodens.) Stielreste einfach mit einem Messer abschneiden.

2 Nun einen großen Topf mit Wasser aufstellen. Den Zitronensaft, Salz und Zucker in das Wasser geben und gut verrühren. Sobald das Wasser kocht, die Artischocken hineingeben und mit einem Teller oder Ähnlichem beschweren, damit die Artischocken komplett mit Wasser bedeckt sind. Die Artischocken nun je nach Größe 1–1 ½ Stunden kochen. (Zum Überprüfen, ob die Artischocke gar ist, einfach die unteren Blätter herausziehen und probieren, ob das »Fleisch« am Ansatz weich ist.)

3 Alle Zutaten für den Dip bis auf Salz und Pfeffer in eine Schüssel geben und gut miteinander verrühren. Anschließend Dip mit Salz und Pfeffer abschmecken.

4 Wenn die Artischocken gar sind, aus dem Wasser heben und auf einem Teller anrichten. Mit dem Dip servieren.

Artischocken isst man am besten so: Erst rundum einzeln die Blätter abzupfen, mit dem fleischigen Ende in den Dip tauchen und das »Fleisch« mit den Zähnen abziehen. Wenn nur dünne Blätter übrig sind, Blättchen und Heu entfernen. Übrig bleibt das leckere Herz, das ihr nun mit dem Dip genießen könnt.

Special

OSTER

FÜR 3–4 PERSONEN

FALSCHER HASE

STEHT WIEDER EINMAL OSTERN VOR DER TÜR UND IHR HABT KEINE AHNUNG, WAS IHR MACHEN SOLLT? ÜBERRASCHT EURE FAMILIE DOCH EINFACH MAL UND KOCHT ETWAS FÜR SIE, GLAUBT MIR, DIE FREUDE WIRD GROß SEIN. VIELE ESSEN JA GERNE LAMM AN OSTERN, DA ICH DAS ABER NICHT VERTRAGE, HAT MIR DIESES REZEPT GEFALLEN.

> 5 EIER
> 50 G SCHALOTTEN
> 2 EL BUTTER
> 3 STÄNGEL MAJORAN ODER GLATTE PETERSILIE
> 500 G GEMISCHTES HACKFLEISCH
> 40 G SEMMELBRÖSEL
> 3 TL SENF
> 2 TL KETCHUP
> 1 TL PAPRIKAPULVER, EDELSÜß
> SALZ UND PFEFFER
> ETWAS FETT FÜR DAS BLECH

1 3 Eier anstechen und in einem Topf mit kochendem Wasser in 10 Minuten hart kochen. Dann mit kaltem Wasser abschrecken und pellen.

2 Inzwischen die Schalotten schälen, fein würfeln und in einer Pfanne mit 1 EL Butter bei mittlerer Hitze anschwitzen. Majoran oder Petersilie waschen, trocken schütteln und klein schneiden.

3 Backofen auf 200 Grad Ober-/Unterhitze vorheizen. Die abgekühlten Schalotten, das Hackfleisch, die Semmelbrösel, den Senf, den Ketchup, die restlichen 2 Eier, Majoran oder Petersilie und das Paprikapulver in eine Schüssel geben, anschließend kräftig mit Salz und Pfeffer würzen und gut durchkneten, bis alle Zutaten gut miteinander vermengt sind. Die Hackmasse dann mit feuchten Händen flach auf einer Klarsichtfolie zu einem Rechteck ausbreiten (ca. 25 x 25 cm und 2 cm Höhe). Die hart gekochten Eier in einer Reihe in die Mitte legen, die Hackmasse darüberschlagen und zu einem Laib formen. 1 EL Butter in einem kleinen Topf zerlassen und den Hackbraten damit rundum bestreichen. Den Hackbraten auf ein gefettetes Backblech setzen und im heißen Ofen auf der mittleren Schiene 45 Minuten backen. Dann im ausgeschalteten Ofen noch 10 Minuten ruhen lassen.

4 Vor dem Servieren den Braten in Scheiben aufschneiden und mit Beilagen nach Wahl, zum Beispiel Salzkartoffeln oder Leipziger Allerlei, servieren.

FÜR 2 PERSONEN

MUDDIS FAVOURITE

Kalbsschnitzel mit Spargel, Kartoffeln

und Sauce hollandaise

NEBEN ROULADEN IST DIESES ESSEN MEIN ABSOLUTES LIEBLINGSGERICHT VON MEINER MUTTER! ICH KÖNNTE ES JEDEN TAG ESSEN UND FREUE MICH AUCH SCHON IMMER DARAUF, WENN ES GROẞ ANGEKÜNDIGT WIRD. EIN KLEINER TIPP NOCH DAZU: EIN KLEINER SPRITZER ZITRONE AUF DEM FERTIGEN FLEISCH UND DEM GEMÜSE MACHT DAS GANZE NOCH FRISCHER.

FÜR DAS GEMÜSE:
- 10 STANGEN SPARGEL
- 18 G ZUCKER
- 18 G SALZ
- 50 G BUTTER + 2 EL
- 6 VORWIEGEND FESTKOCHENDE KARTOFFELN
- 1–2 TL SCHNITTLAUCHRÖLLCHEN
- 1 EL GEHACKTE PETERSILIE

FÜR DIE SAUCE HOLLANDAISE:
- 50 ML WASSER
- 50 ML WEIẞWEIN
- 50 ML WEIẞWEINESSIG
- 150 G BUTTER
- 3 EIGELB
- SALZ
- ½ EL ZITRONENSAFT
- 3 PFEFFERKÖRNER
- 1 SCHALOTTE
- 1 ZWEIG ESTRAGON

1 Backofen auf 180 Grad Ober/-Unterhitze vorheizen. Den Spargel schälen und das holzige Ende mit einem Messer abschneiden. Die Spargelstangen mit dem Zucker, Salz und 50 g Butter in Alufolie einschlagen und im vorgeheizten Ofen ca. 40 Minuten garen. Die Kartoffeln schälen, waschen und in einem Topf mit Salzwasser ca. 25 Minuten kochen.

2 Für die Sauce zunächst eine Weißweinreduktion zubereiten: Wasser, Weißwein und Essig in einen Topf geben, aufkochen und dann weiter köcheln lassen (reduzieren), bis nurmehr 75 ml übrig sind. Danach die Flüssigkeit durch ein Sieb in einen Behälter gießen. Die Butter in einem Topf schmelzen und köcheln, bis die Molke verdampft ist und eine klare Flüssigkeit übrig bleibt (klären).

3 Das Eigelb mit der Reduktion in einem Topf mit einem Schneebesen aufschlagen. Das Eigelb auf knapp 90 Grad erhitzen, bis die Zutaten sich gut verbinden. Jetzt die geklärte Butter nach und nach in die Masse einrühren und diese mit Salz und Zitronensaft abschmecken. Anschließend die Sauce warm halten. Wer möchte, kann noch Pfefferkorner und gehackte Schalotte und Estragon einrühren.

4 Das Kalbfleisch mit einem Fleischhammer flach klopfen und mit Salz und Pfeffer würzen. Mehl in einen flachen Teller geben, Eier in einer flachen Schüssel verquirlen und Pankomehl in eine dritte Schüssel füllen. Schnitzel erst im Mehl wenden, dann durch das Ei ziehen und schließlich mit dem Pankomehl panieren. Anschließend in einer heißen Pfanne im Pflanzenöl von beiden Seiten goldbraun braten.

5 Schnitzel auf Tellern mit dem Spargel anrichten. Spargel mit Schnittlauch und Sauce hollandaise garnieren. Die Kartoffeln in einer Pfanne mit 2 EL Butter und Petersilie schwenken und zum Spargel legen.

FÜR DIE SCHNITZEL:
- 2 KALBSSCHNITZEL À 180G (OBERSCHALE ODER RÜCKEN)
- SALZ UND PFEFFER
- 1 HANDVOLL MEHL
- 3 EIER
- 300 G PANKOMEHL
- 4 EL PFLANZENÖL

FÜR 4 PERSONEN

BAYERISCHER BUA RINDERBRÜHE

mit Grießklößchen

DAS IST NOCH EIN GERICHT, DAS FÜR MICH GANZ NACH HEIMAT UND FAMILIE SCHMECKT. ICH MACHE DIESE SUPPE IMMER, WENN ES AM VORTAG STEAKS GAB. DA KANN MAN DANN AM NÄCHSTEN TAG PERFEKT DIE KNOCHEN AUSKOCHEN UND BEKOMMT SO EINE KÖSTLICHE KRAFTBRÜHE. DANN NUR NOCH SCHNELL DEN TEIG FÜR DIE KLÖẞCHEN ZUBEREITEN, IN DIE SUPPE SETZEN – FERTIG.

FÜR DIE BRÜHE:

- 250 G KALBSKNOCHEN
- SALZ
- 1 KG RINDFLEISCH, MÖGLICHST OHNE FETT (TAFELSPITZ ODER OBERSCHALE)
- 4 L WASSER
- 100 G KAROTTE
- 100 G KNOLLENSELLERIE
- 100 G LAUCH
- 4 STÄNGEL PETERSILIE
- 1 ZWEIG ROSMARIN
- 1 ZWEIG THYMIAN
- ½ BUND SCHNITTLAUCH
- 5 PFEFFERKÖRNER
- 1 LORBEERBLATT

FÜR DIE GRIEẞKLÖẞCHEN:

- 100 G BUTTER
- 2 EIER
- SALZ
- 200 G FEINER WEIZENGRIEẞ

1 Backofen auf 180 Grad Umluft vorheizen. Zunächst die Brühe zubereiten. Die Kalbsknochen mit etwas Salz bestreuen und auf einem Blech im vorgeheizten Ofen ca. 1 Stunde rösten. (Nicht zu stark rösten, sonst entstehen Bitterstoffe). Dann das Fleisch, die Knochen, das Wasser und etwas Salz in einen großen Topf geben und 30 Minuten kochen lassen.

2 Währenddessen das Gemüse putzen, waschen und grob zerkleinern. Die Kräuter waschen und trocken schütteln. Den Schnittlauch in Röllchen schneiden und für später zum Garnieren beiseitelegen. Gemüse, Kräuter und Gewürze zur Suppe geben und alles 1 weitere Stunde bei niedriger Hitze köcheln lassen. Eventuell nach der Hälfte der Kochzeit etwas Wasser nachgießen, damit das Fleisch ausreichend mit Flüssigkeit bedeckt ist. Den Topf vom Herd nehmen und die Brühe noch 30 Minuten ziehen lassen. Dann die Brühe durch ein mit einem grobfaserigen Geschirrtuch ausgelegtes feines Sieb in einen zweiten Topf abgießen und die Flüssigkeit auf ca. 2 l einkochen und mit Salz abschmecken.

3 Für die Klößchen zunächst die Butter in einem kleinen Topf schmelzen. Dann Eier und Salz in einer Schüssel verquirlen, die Butter langsam unterrühren und nach und nach den Grieß dazugeben. Zutaten gut verrühren, Teig dann im Kühlschrank 20 Minuten auskühlen lassen. Danach mit zwei Esslöffeln aus der Masse gleichmäßige Nocken abstechen.

4 Wasser und etwas Salz in einem Topf zum Kochen bringen und die Klößchen darin 2–3 Minuten (je nach Größe) garen. (Wasser auf einer Temperatur von etwa 90 Grad halten). Anschließend die Klößchen mit einer Schaumkelle aus dem Wasser heben und beiseitelegen.

5 Die Suppe in tiefe Teller oder Suppenschalen füllen, die Klößchen in die Suppe setzen und etwas Schnittlauch darüberstreuen. Wer mag, kann das gekochte Gemüse zusätzlich als Einlage verwenden.

FÜR 4 PERSONEN

TANZ DER BOLOGNESE

LASAGNE ODER PASTA BOLOGNESE

OB LASAGNE ODER PASTA MIT BOLOGNESE-SAUCE – BEIDES IST RELATIV EINFACH ZU MACHEN UND EIGNET SICH AUCH PERFEKT FÜR DIE BEWIRTUNG EINER ETWAS GRÖßEREN TRUPPE. DIESE GERICHTE KOCHE ICH GANZ BESONDERS GERNE, BEVOR ICH MIT MEINEN JUNGS IN EINEN CLUB WEITERZIEHE. DA MAN ZUM KOCHEN ROTWEIN BRAUCHT, KANN MAN SICH GANZ NEBENBEI EIN ODER ZWEI GLÄSER FÜR SICH UND SEINE GÄSTE GENEHMIGEN UND DANN GUT IN DIE NACHT STARTEN. CHEERS!

> 100 G ZUCCHINI
> 100 G KAROTTEN
> 100 G KNOLLENSELLERIE
> 1 ZWIEBEL
> 1 KNOBLAUCHZEHE
> 2 EL OLIVENÖL
> 2 EL TOMATENMARK
> 500 G HACKFLEISCH (RINDERHACK)
> SALZ, PFEFFER
> 500 G SCHÄLTOMATEN (AUS DER DOSE)
> 1 ZWEIG FRISCHER THYMIAN
> 1 ZWEIG FRISCHER ROSMARIN
> ABRIEB VON ½ ZITRONE
> 9–12 LASAGNEPLATTEN (ODER 500 G PASTA)
> ETWAS FETT FÜR DIE FORM
> 200 G FRISCH GERIEBENER PARMESAN

1 Zucchini putzen, waschen, halbieren und die Kerne entfernen. Karotte und Sellerie putzen, waschen und wie die Zucchini in kleine Würfel schneiden. Die Zwiebel und die Knoblauchzehe schälen und ebenfalls klein würfeln. Das vorbereitete Gemüse in einem Topf mit dem Olivenöl scharf anbraten. Dann das Tomatenmark und das Hackfleisch dazugeben, mit Salz und Pfeffer würzen und alles weitere 4 Minuten braten.

2 Die Schältomaten samt Flüssigkeit angießen und den gewaschenen Thymian- und Rosmarinzweig zufügen. Sauce ungefähr 35 Minuten bei mittlerer Hitze köcheln lassen, dabei ab und zu umrühren, damit nichts anbrennt. Zum Schluss den Zitronenabrieb hinzufügen, alles noch mal abschmecken und die Kräuterzweige entfernen.

3 Backofen auf 200 Grad Ober-/Unterhitze vorheizen. Die Nudelplatten in eine gefettete Auflaufform legen und etwas Bolognesesauce darauf verteilen. Dünn mit Parmesan bestreuen. Diesen Vorgang je nach Höhe der Form 2–3 Mal wiederholen. Die letzte Schicht kräftig mit Parmesan bestreuen, damit es eine optimale Kruste gibt. Nun die Form in den Ofen schieben und Lasagne in ungefähr 40–45 Minuten goldbraun backen.

4 Als Nudelsauce die fertige Bolognese einfach zu bissfest gegarten Nudeln reichen und mit geriebenem Parmesan servieren.

FÜR 3–4 PERSONEN

FIESTA QUESADILLAS

DIE MEXIKANISCHE KÜCHE IST EINE MEINER ABSOLUTEN LIEBLINGSKÜCHEN. UND GANZ BESONDERS GUT SCHMECKEN MIR DIE LECKEREN QUESADILLAS – VIEL GEMÜSE, WÜRZIGER KÄSE, SCHARFE CHILIS UND EINE SUPER TOMATIGE SALSA ... DAS ERINNERT MICH JEDES MAL WIEDER AN MEINEN ALLERERSTEN MEXIKO-URLAUB. SPRING BREEEEEAAAK!

V

VEGETARISCH

FÜR DIE QUESADILLAS:
- 60 G KALAMATA-OLIVEN OHNE STEIN
- 3 LAUCHZWIEBELN
- 150 G TOMATEN
- 2 GRÜNE CHILI-SCHOTEN
- SALZ UND PFEFFER
- 50 G PARMESAN
- 75 G GOUDA
- 2 WEIZENTORTILLA-FLADEN (CA. 25 CM DURCHMESSER)

FÜR DIE SALSA:
- 200 G TOMATEN
- 1 ROTE ZWIEBEL
- 5 STÄNGEL PETERSILIE
- 2 EL OLIVENÖL
- 1 EL HELLER BALSAMICO
- SALZ
- 1 PRISE ZUCKER
- CRÈME FRAÎCHE NACH BELIEBEN

1 Backofen auf 200 Grad Umluft vorheizen. Für die Quesadillas Oliven in einem Sieb abtropfen lassen und in feine Scheiben schneiden. Lauchzwiebeln putzen, waschen und in feine Ringe schneiden. Tomaten waschen, vierteln, Stielansatz und Kerne entfernen und das Fruchtfleisch klein würfeln. Die Chilischoten längs halbieren, entkernen und waschen. Anschließend die Schoten fein hacken. Alle vorbereiteten Zutaten in einer Schüssel miteinander vermengen und mit Salz und Pfeffer würzen.

2 Nun beide Sorten Käse reiben und jeweils auf eine Hälfte der Tortillafladen verteilen. Die Tomatenmischung auf den Käse geben und die freie Hälfte des Fladens darüberklappen. Die Tortillas anschließend auf ein mit Backpapier belegtes Blech legen und im Ofen 10–12 Minuten backen.

3 Währenddessen für die Salsa die Tomaten waschen, vierteln, Stielansatz und Kerne entfernen und das Fruchtfleisch klein würfeln. Die Zwiebel schälen und in feine Würfel schneiden. Die Petersilie waschen, trocken schütteln und klein schneiden (ein paar ganze Blätter zum Garnieren aufbewahren). Tomaten und Zwiebel in einer Schüssel vermischen, Olivenöl, Balsamico, Salz und Zucker dazugeben und unterrühren.

4 Die Tortillafladen aus dem Ofen nehmen, kurz etwas abkühlen lassen, halbieren und auf einer Platte anrichten. Mit den ganzen Petersilienblättern garnieren. Die klein geschnittene Petersilie unter die Salsa heben und Salsa und Crème fraîche zu den Quesadillas servieren.

O'MAMPFT IS

OBAZDA

FÜR 2 PERSONEN

MÜNCHEN IST EINE SCHÖNE STADT – WENN MAN SCHON NICHT HINFAHREN KANN, DANN SOLLTE MAN SIE WENIGSTENS SCHMECKEN. ICH WOHNE JA NUN SCHON SEIT EIN PAAR JAHREN IN BERLIN, ABER IM HERZEN BLEIBE ICH MÜNCHNER UND HABE MIR AUCH EINE BREZEL AUF DAS HANDGELENK TÄTOWIEREN LASSEN. OBAZDA SCHMECKT FÜR MICH IMMER WIE HEIMAT. UND AM BESTEN IST ER NATÜRLICH IM BIERGARTEN … ODER WENIGSTENS UNTER FREIEM HIMMEL MIT EIN PAAR FREUNDEN.

V

VEGETARISCH

> 200 G REBLOCHON-KÄSE
> 2 EL BUTTER
> 1 KLEINE ZWIEBEL
> 75 G DOPPELRAHM-FRISCHKÄSE
> 2 TL PAPRIKAPULVER, EDELSÜẞ
> 1 EL WEIẞBIER
> 1 SPRITZER ZITRONENSAFT
> ½ KNOBLAUCHZEHE
> SALZ UND PFEFFER
> 2–4 BREZELN

1 Die Rinde vom Käse entfernen und das Innere des Käses in grobe Würfel schneiden. Die zimmerwarme Butter mithilfe einer Gabel in einer Schüssel gut mit dem Käse vermengen. Die Zwiebel schälen, klein würfeln und ebenfalls in die Käsemasse einarbeiten. Nun alle anderen Zutaten (außer den Brezeln) hinzufügen, alles gut vermischen und zum Schluss kräftig mit Salz und Pfeffer abschmecken.

2 Die Brezeln am besten warm und frisch aus dem Ofen servieren und zusammen mit dem gekühlten Obazden genießen.

Berliner Original à la Jimi

FRIKADELLEN
MIT KARTOFFELSALAT

FÜR 4-5 PERSONEN

DAS IST BEI UNS IN DER FAMILIE DER ABSOLUTE KLASSIKER, UND ICH ERINNERE MICH GENAU, DASS AUCH MEINE ELTERN DIE WÜRZIGEN FRIKADELLEN IMMER SEHR GERNE GEGESSEN HABEN. ICH WOHNE JA MITTLERWEILE IN BERLIN – ABER DA IST DAS ZUM GLÜCK SO EINE ART NATIONALGERICHT.

FÜR DEN KARTOFFELSALAT:

> 1 KG FESTKOCHENDE KARTOFFELN
> SALZ
> 100 G ZWIEBELN
> ½ BUND GLATTE PETERSILIE
> 1-2 EL BUTTER
> 100 ML WASSER
> 1 PRISE GEFLÜGEL- ODER GEMÜSE-BRÜHEPULVER
> 220 ML WEIẞER BALSAMICOESSIG
> PFEFFER
> 390 ML PFLANZENÖL
> 3-4 EL GROBER ENGLISCHER SENF

FÜR DIE FRIKADELLEN:

> 50 G WEIẞBROT
> 2 ZWIEBELN
> ½ BUND FRISCHER MAJORAN
> 2-3 EIER (JE NACH GRÖẞE)
> 2 EL SENF
> 2 EL KETCHUP
> 20 G SALZ
> 4 G PFEFFER
> 1 TL CURRYPULVER
> 1 TL PAPRIKAPULVER, EDELSÜẞ
> 1 KG RINDERHACKFLEISCH
> 1 KLEINE HANDVOLL PANIERMEHL ODER PANKOMEHL
> PFLANZENÖL ZUM BRATEN

1 Zunächst die Kartoffeln schälen, waschen und in einen Topf mit ausreichend kaltem Wasser und etwas Salz geben. Wasser aufkochen und Kartoffeln in 20–25 Minuten gar kochen. In der Zwischenzeit die Zwiebeln schälen, halbieren und in 3–4 mm dicke Streifen schneiden. Petersilie waschen, trocken schütteln und ebenfalls in feine Streifen schneiden. Die Zwiebeln in einem Topf mit der Butter farblos anschwitzen und anschließend das Wasser, das Brühepulver und den Essig zu den Zwiebeln geben. Das Ganze ca. 8–10 Minuten köcheln lassen. Den Fond beiseitestellen.

2 Nun die Kartoffeln in ein Sieb abgießen und noch heiß in etwa 1 cm dicke Scheiben schneiden. Die Kartoffelscheiben in eine Schüssel geben. Als Nächstes den heißen Fond über die Kartoffeln gießen. Mit etwas Salz und Pfeffer würzen und vorsichtig vermengen. Jetzt das Öl hinzufügen und behutsam mit der Hand unter die Kartoffeln mischen. Den Kartoffelsalat nun halb abgedeckt für ca. 1–2 Stunden im Kühlschrank durchziehen lassen. Zwischendurch vorsichtig mischen.

3 Den Backofen auf 160 Grad Umluft vorheizen. Nun die Frikadellen zubereiten. Zunächst das Brot in einer Schüssel mit kaltem Wasser einweichen und anschließend fest ausdrücken. Jetzt die Zwiebeln schälen und in 5 x 5 mm feine Würfel schneiden. Den Majoran waschen, trocken schütteln, die Blätter abzupfen und fein hacken. Alle Zutaten bis auf das Rinderhack, das Brot, das Paniermehl und das Öl in eine Schüssel geben und gut miteinander verrühren. Dann das Brot und das Hackfleisch dazugeben.
Zum Schluss das Paniermehl gut unterkneten.

4 Die Fleischmasse in 100-g-Portionen abwiegen und zu Frikadellen formen. In einer heißen Pfanne mit Öl von beiden Seiten je 2–3 Minuten braten. Auf ein mit Backpapier belegtes Blech legen und im Ofen in ca. 4–5 Minuten fertig garen.

5 Vor dem Servieren Senf und Petersilie unter den Kartoffelsalat heben und diesen zu den Frikadellen reichen.

GUTES THAIMING

THAICURRY

FÜR 2 PERSONEN

FALSCHES TIMING? QUATSCH, DIESES GERICHT GEHT IMMER. FÜR VIELE LEUTE SCHNELL ETWAS ZUBEREITEN, WAS MAN AUCH EINEN TAG ZUVOR GUT VORBEREITEN KANN? DA HABE ICH DIE LÖSUNG. MEIN THAICURRY KOCHE ICH SEHR GERN FÜR DIE GANZE FAMILIE – UNTER ANDEREM HABE ICH ES MAL SILVESTER FÜR MEINEN VATER UND KIKI GEMACHT. DAS COOLE: SUPERSIMPEL KANN MAN EINE VEGANE VARIANTE SERVIEREN. STATT DEM HÄHNCHENFLEISCH EINFACH TOFU VERWENDEN.

V

VEGAN MÖGLICH

> ½ ROTE ZWIEBEL
> 1 DAUMENGROẞES STÜCK FRISCHER INGWER
> 1 KNOBLAUCHZEHE
> ¼ PAPRIKASCHOTE
> ¼ AUBERGINE
> 4 CHAMPIGNONS
> ½ CHILISCHOTE
> 1 TOMATE
> 200 G HÄHNCHENBRUST ODER TOFU
> 2 EL PFLANZENÖL
> SALZ
> 1 STANGE ZITRONENGRAS
> SAFT VON ½ LIMETTE
> SAFT VON ½ ORANGE
> 1 EL BRAUNER ZUCKER
> 2 EL ROTE CURRYPASTE
> 50 ML PASSIERTE TOMATEN (AUS DER DOSE)
> 150 ML KOKOSMILCH
> 150 G BAMBUSSPROSSEN (AUS DEM GLAS)
> ½ APFEL
> CASHEWNÜSSE ZUM GARNIEREN
> FRISCHER KORIANDER ZUM GARNIEREN

1 Als Erstes die Zwiebel, den Ingwer und den Knoblauch schälen und klein würfeln. Paprika, Aubergine, Champignons, Chilischote und Tomate waschen, putzen und in grobe Würfel schneiden.

2 Jetzt die Hähnchenbrust in 2 x 2 cm große Stücke schneiden. Nun das Fleisch in einer großen Pfanne im Pflanzenöl scharf anbraten. Die restlichen vorbereiteten Zutaten bis auf die Tomate dazugeben und ebenfalls scharf anbraten, das Ganze mit Salz würzen.

3 Das Zitronengras mit einem Messerrücken klopfen und mit dem Limetten- und Orangensaft, der Tomate und dem Zucker in das Curry geben und ca. 4 Minuten köcheln lassen. Als Nächstes die Currypaste hinzufügen und ca. 3 Minuten mitgaren. Die passierten Tomaten und die Kokosmilch angießen und das Curry 5–7 Minuten köcheln lassen.

4 Bambussprossen durch ein Sieb abgießen, abspülen und abtropfen lassen, dann zum Curry geben. Zum Schluss den Apfel schälen, entkernen und mit einer feinen Reibe in das Curry hobeln und gut vermengen. Zitronengras entnehmen.

5 Das Curry vor dem Servieren mit ein paar Cashewnüssen und Korianderblättern garnieren. Als Beilage passt gut Basmatireis dazu.

FÜR 4 PERSONEN

GANS ODER GAR NICHT
DIE WEIHNACHTSGANS

DAS ULTIMATIVE WEIHNACHTSGERICHT – JEDES JAHR AUFS NEUE. ICH LIEBE DIESES ESSEN UND FREUE MICH MEISTENS MEHR DARAUF ALS AUF DIE GESCHENKE. AM NÄCHSTEN TAG ESSE ICH DIE RESTE, WENN ES WELCHE GIBT, SOGAR ZUM FRÜHSTÜCK! WENN IHR DAS PERFEKTE WEIHNACHTEN ERLEBEN WOLLT, DANN DARF DIESES GERICHT AUF KEINEN FALL FEHLEN. MERRY CHRISTMAS!

> 1 GANS (ETWA 4 KG)
> 7 L LAUWARMES WASSER
> 210 G SALZ
> 3 SÄUERLICHE ÄPFEL
> 3 ZWIEBELN
> 3 STÄNGEL PETERSILIE
> 3 STÄNGEL MAJORAN

1 Zunächst die Gans gut waschen. Das lauwarme Wasser in ein ausreichend großes Gefäß füllen und das Salz darin auflösen. Die Gans so in die Salzlake einlegen, dass sie völlig damit bedeckt ist. Dann zugedeckt mindestens 12 Stunden kühl stellen.

2 Backofen auf 160 Grad Ober-/Unterhitze vorheizen. Die Gans aus der Salzlake heben und mit Küchenpapier trocken tupfen. Die Äpfel waschen und mit der Schale und den Kernen in grobe Stücke schneiden. Dann die Zwiebeln schälen. Petersilie und Majoran waschen, trocken schütteln und wie die Zwiebel grob hacken. Zwiebel und Kräuter in einer Schüssel mit den Apfelstücken mischen und die Gans damit füllen. Danach die Öffnungen an der Gans mit Nadeln verschließen oder grob zunähen.

3 Die Gans nun im heißen Ofen auf einem trockenen Backblech etwa 3 Stunden garen. Hin und wieder mit dem eigenen Bratensaft übergießen. Gegen Ende der Garzeit die Temperatur auf 200–210 Grad erhöhen, um die gewünschte Knusprigkeit und Bräune zu erreichen.
Wenn die Gans fertig ist, mit den klassischen Beilagen wie Kartoffelknödeln und Rotkohl servieren.

FÜR 3 PERSONEN

Peanutbutter Jelly Time
PEANUTBUTTERTOAST
MIT SELBST GEMACHTER HIMBEERMARMELADE

EINEN FRISCH GETOASTETEN TOAST, ERDNUSSBUTTER DRAUF UND DAZU NOCH FRUCHTIGES HIMBEERAROMA – DAS HABE ICH SCHON ALS KIND GELIEBT! FÜR MICH IST DAS AUCH HEUTE NOCH DER PERFEKTE UND AUßERDEM SCHNELL ZUBEREITETE SNACK FÜR ZWISCHENDURCH, WENN MICH MAL HEIßHUNGER ÜBERFÄLLT.

V

VEGETARISCH

> 150 G FRISCHE HIMBEEREN ODER 120 G TK-HIMBEEREN
> 80 G GELIERZUCKER 2 : 1
> 4 SCHEIBEN TOAST
> 120 G ERDNUSSBUTTER

1 Frische Himbeeren verlesen, waschen und abtropfen lassen, TK-Himbeeren auftauchen lassen. Dann Himbeeren mit dem Gelierzucker in eine Schüssel geben und gut vermischen. Masse in einen Topf füllen und 10–12 Minuten kochen lassen, dabei durchgängig mit einem Schneebesen rühren, bis keine großen Beerenstückchen mehr vorhanden sind. Die Marmelade anschließend in ein Gefäß umfüllen und ohne Deckel im Kühlschrank erkalten lassen.

2 Das Toastbrot nach Belieben toasten und dann erst mit zimmerwarmer Erdnussbutter und anschließend mit der kalten Marmelade bestreichen. Die bestrichenen Toasts auf Tellern anrichten und genießen.

ZUCKERSCHOCK

ZWETSCHGEN-KUCHEN

mit Zwetschgenkompott

FÜR 1 BACKFORM (25 X 20 CM)

GEMEINSAM KAFFEETRINKEN UND KUCHENESSEN IST EINE TOLLE TRADITION – AM SCHÖNSTEN NATÜRLICH, WENN MAN SELBST GEBACKEN HAT. ALS WIR NOCH IN GRÜNWALD GEWOHNT HABEN, GAB ES DA EINE KLEINE BÄCKEREI MIT DEM BESTEN ZWETSCHGENKUCHEN ALLER ZEITEN. ICH HABE IMMER WIEDER VERGEBLICH GEFRAGT, OB SIE MIR DAS REZEPT VERRATEN. AM TAG BEVOR ICH WEGGEZOGEN BIN, HABE ICH ES NOCH EINMAL MIT ALLEM CHARME VERSUCHT ... DER KUCHEN IST ECHT KÖSTLICH UND EIN TOLLES MITBRINGSEL!

V

VEGETARISCH

FÜR DEN BODEN:

> 2 EIER
> 100 G WEICHE BUTTER + ETWAS FÜR DIE FORM
> 200 G MEHL TYPE 550 + ETWAS FÜR DIE FORM
> 1 TL BACKPULVER
> 50 G ZUCKER
> 50 ML MILCH
> VANILLEZUCKER NACH BELIEBEN

FÜR DEN BELAG:

> 125 G WEICHE BUTTER
> 100 G ZUCKER
> 200 G MEHL TYPE 405
> 500 G ZWETSCHGEN
> 2 EL CRÈME FRAÎCHE

FÜR DAS KOMPOTT:

> 200 G ZWETSCHGEN
> 40 G ZUCKER
> 100 ML WASSER
> 200 ML PORTWEIN
> 2 STANGEN ZIMT
> 3 EL SPEISESTÄRKE

1 Backofen auf 170 Grad Umluft vorheizen. Alle Zutaten für den Boden in eine Schüssel geben und gut miteinander verkneten. Nun eine tiefe Backform mit etwas Butter ausstreichen und anschließend mit Mehl bestäuben, danach das überschüssige Mehl abklopfen. So bleibt der Kuchen nicht in der Form kleben. Jetzt den Boden der Form mit dem Teig auskleiden.

2 Für den Belag Butter, Zucker und Mehl in eine Schüssel geben und gut zu einem Streuselteig verkneten. Die Zwetschgen waschen, halbieren und entkernen. Danach in einer Schüssel vorsichtig mit der Crème fraîche vermischen. Den Teig gleichmäßig mit den Zwetschgen belegen. Jetzt den Streuselteig mit den Händen in kleine Stückchen reißen und über den Zwetschgen verteilen. Den Kuchen im vorgeheizten Ofen ca. 40 Minuten backen.

3 Währenddessen für das Kompott die Zwetschgen waschen, halbieren und entsteinen. Dann den Zucker mit der Hälfte des Wassers in einem Topf erhitzen und kochen, bis das Wasser verkocht ist und der Zucker anfängt zu karamellisieren. Die Zwetschgen mit dem Portwein und den Zimtstangen dazugeben und gut durchrühren. Das Ganze ca. 5 Minuten köcheln lassen, damit der Alkohol verfliegen kann. Das Kompott durch ein Sieb abgießen und die Flüssigkeit in einem zweiten Topf auffangen. Die Speisestärke mit dem restlichen Wasser in einer Tasse anrühren und in den kochenden Zwetschgenfond einrühren. Anschließend ein paar Minuten köcheln lassen und die Zwetschgen wieder dazugeben. Die Zimtstangen entfernen. Zwetschgenkuchen mit dem abgekühlten Kompott servieren.

FÜR 3–4 PERSONEN

EVERYBODY'S DARLING

BUTTERMILCH-PANCAKES MIT BLAUBEEREN

und Vanillebutter

ALS ICH BEI »LET'S DANCE« MITGEMACHT HABE, HATTEN WIR OFT NICHT VIEL ZEIT ZUM ESSEN. MEINE TANZPARTNERIN RENATA HAT MICH NÄMLICH GANZ SCHÖN GESCHEUCHT. DA BRAUCHTE ICH GERADE MORGENS EIN RICHTIGES HIGHLIGHT-FRÜHSTÜCK, UM DURCHZUHALTEN, UND HABE IMMER BUTTERMILCH-PANCAKES GEMACHT. DIE KANN MAN NÄMLICH AUCH GUT VORBEREITEN UND ALS SNACK MITNEHMEN. UND SIE EIGNEN SICH GENAUSO FÜR EINEN SPÄTEN BRUNCH IN GROẞER RUNDE!

V

VEGETARISCH

FÜR DIE VANILLEBUTTER:

- 200 G BUTTER
- 10 G VANILLEZUCKER
- 1 VANILLESCHOTE

FÜR DIE PANCAKES:

- 3 EIER
- 80 G ZUCKER
- 3 EL WEICHE BUTTER + ETWAS ZUM BRATEN
- 350 ML BUTTERMILCH
- 250 G MEHL TYPE 405
- 1 PRISE SALZ
- 2 TL BACKPULVER

ZUM GARNIEREN:

- 1 SCHALE BLAUBEEREN
- 4 STÄNGEL MINZE
- PUDERZUCKER ZUM BESTÄUBEN

1 Für die Vanillebutter die Butter und den Zucker in einen Topf geben, erwärmen, bis die Butter geschmolzen und der Zucker aufgelöst ist. Anschließend die Vanilleschote der Länge nach halbieren und das Mark vorsichtig mit einem Messer herauskratzen. Mark und Schote in die Butter geben und mindestens 30 Minuten bei niedriger Hitze ziehen lassen (die Butter darf nicht kochen). Dann die Schote entnehmen.

2 Für die Pancakes zunächst die Eier mit dem Zucker in einer Schüssel mithilfe eines Handrührgeräts schaumig schlagen, bis sich der Zucker auflöst und das Ei eine etwas festere Konsistenz bekommt. Anschließend die restlichen Zutaten hinzugeben und ebenfalls verrühren.

3 Blaubeeren waschen, verlesen und abtropfen lassen. Die Minze waschen und trocken schütteln.

4 Etwas Butter in einer Pfanne schmelzen. Teig portionsweise hineingeben und Pancake von beiden Seiten goldbraun braten. Wenn alle Pancakes fertig gebacken sind, auf Tellern anrichten, mit den Blaubeeren und der Minze garnieren und mit Puderzucker bestäuben. Die Vanillebutter lauwarm dazu servieren.

JUICY OBSTSALAT

FÜR 4 PERSONEN

»JUNGS, ICH MACHE EINEN OBSTSALAT.« WIE OFT HAT MEIN VATER DAS FRÜHER ZU WILLY UND MIR GESAGT! WIR SIND DANN BEGEISTERT IN DIE KÜCHE GERANNT UND HABEN ALLE ZUSAMMEN GESCHNIPPELT. ANFANGS DURFTEN WIR IMMER NUR MANDARINEN UND BANANEN SCHÄLEN, WEIL WIR ZU KLEIN WAREN, UM EIN MESSER ZU BENUTZEN. ICH ERINNERE MICH IMMER GERN DARAN, WIE WIR ERST GEMEINSAM »GEARBEITET« UND DANN IM GARTEN GEGESSEN HABEN. EIGENTLICH EIN GUTER TRICK, UM UNS JUNGS GANZ VIELE VITAMINE EINZUVERLEIBEN.

V

VEGAN

- 50 G ZUCKER + 1 EL
- 100 ML WASSER
- 1 BANANE
- 2 KIWIS
- 2 ORANGEN
- ½ ANANAS
- 25 G MANDELSTIFTE
- 2 ZWEIGE MINZE
- ZITRONENSAFT NACH BELIEBEN
- PUDERZUCKER NACH BELIEBEN
- 1 PRISE ZIMT

1 Zuerst 50 g Zucker mit dem Wasser in einen Topf geben und aufkochen lassen, bis der Zucker sich komplett aufgelöst hat und eine sirupartige Masse entstanden ist (Läuterzucker).

2 Nun die Banane, die Kiwis und die Orangen schälen, anschließend in mundgerechte Würfel oder Scheiben schneiden und in eine Schüssel geben. Die Ananas schälen, den Strunk entfernen und das Fruchtfleisch ebenfalls klein schneiden und zum Obst in die Schüssel geben.

3 Jetzt 1 EL Zucker in eine beschichtete Pfanne ohne Fett streuen und die Mandeln darauflegen. Wenn der Zucker sich auflöst und zu karamellisieren beginnt, die Mandeln mit einem Holzlöffel unterrühren, sodass sie rundum mit karamellisiertem Zucker überzogen sind. Achtung, der Zucker darf nicht schwarz werden, schmeckt sonst bitter. Die karamellisierten Mandeln auf einen Teller geben und auskühlen lassen.

4 Ein paar Löffel von dem Läuterzucker über das Obst träufeln und alles gut miteinander vermischen. Nach Bedarf noch etwas Läuterzucker hinzugeben, sodass das Obst komplett damit mariniert ist.

5 Minze waschen, trocken schütteln und Blättchen abzupfen. Den Obstsalat nach Belieben mit Zitronensaft und Puderzucker abschmecken, dann in Schüsseln verteilen, mit den Mandelstiften und den Minzeblättern garnieren und mit etwas Zimt bestreuen.

MUDDIS
STREUSELKUCHEN

Streusel die Wand an!

FÜR 1 BLECH

ZU JEDEM MEINER KINDERGEBURTSTAGE GAB ES DIESEN KUCHEN. DAS WAR EIN ABSOLUTES MUSS. WENN ICH GEFRAGT WURDE, WELCHEN GEBURTSTAGSKUCHEN ICH MIR WÜNSCHTE, HABE ICH IMMER GESAGT: STREUSELKUCHEN. IRGENDWANN HAT MEINE MUTTER MIR DANN ZUM GLÜCK DAS REZEPT VERRATEN, SODASS ICH MIR SELBST EINEN BACKEN KONNTE. UND DAMIT AUCH GEBURTSTAG FEIERN, WANN IMMER ICH WOLLTE.

V

VEGETARISCH

FÜR DEN TEIG:
> 200 ML MILCH
> 80 G ZUCKER
> 1 WÜRFEL FRISCHE HEFE
> 500 G MEHL TYPE 550
> 100 G WEICHE BUTTER
> 3 EIER
> 1 PRISE SALZ
> ETWAS FETT FÜR DAS BLECH

FÜR DIE STREUSEL:
> 350 G MEHL TYPE 550
> 250 G ZUCKER
> 275 G WEICHE BUTTER
> 1 PCK. VANILLEZUCKER
> PUDERZUCKER ZUM BESTÄUBEN
> GESCHLAGENE SAHNE (OPTIONAL)

1 Für den Teig die Milch in einem Topf erwärmen, bis sie lauwarm ist. Dann in einer Schüssel mit dem Zucker vermischen, die Hefe in die Milch bröseln, darin auflösen und die Hefemischung 5 Minuten gehen lassen.

2 Die übrigen Zutaten hinzugeben und alles mit dem Handrührgerät zu einem glatten Tag verrühren. Wenn der Teig zu sehr klebt, noch etwas Mehl dazugeben. Den Teig jetzt mindestens 30 Minuten abgedeckt an einem warmen Ort gehen lassen, bis sich das Volumen etwa verdoppelt hat.

3 Nach dem Gehen den Teig noch einmal ganz kurz und vorsichtig durchkneten. Danach auf einem gefetteten Backblech verteilen, ausrollen, abdecken und weitere 30 Minuten gehen lassen. Backofen auf 180 Grad Ober-/Unterhitze vorheizen.

4 Alle Zutaten für die Streusel in einer Schüssel mit einem Handrührgerät vermischen und rühren, bis ein homogener Teig entsteht. Die Streusel mit der Hand gleichmäßig auf dem Teigboden verteilen und den Kuchen im vorgeheizten Ofen ca. 45 Minuten backen. Für die letzten 15 Minuten den Kuchen eventuell mit Alufolie abdecken oder die Ofentemperatur reduzieren, damit der Kuchen nicht zu dunkel wird.

5 Vor dem Servieren Streuselkuchen mit Puderzucker bestreuen und nach Belieben geschlagene Sahne dazu reichen.

COOK & IMPRESS

MANCHMAL SITZT MAN IN EINEM RESTAURANT UND DENKT BEIM ESSEN: WOW, DAS SCHMECKT ABER LECKER. IST ABER BESTIMMT MEGASCHWER NACHZUKOCHEN. DOCH OFT STIMMT DAS NICHT. DIE FOLGENDEN GERICHTE KLINGEN VIELLEICHT AUFWENDIG, SIND ABER WIRKLICH EINFACH ZUZUBEREITEN. DAS WICHTIGSTE DABEI IST: MAN MUSS SICH EINFACH RANTRAUEN.

ENTE GUT, ALLES GUT

GLASIERTE ENTENBRUST AUF FELDSALAT

mit Granatapfel-Vinaigrette

FÜR 2 PERSONEN

ENTE ESSE ICH IN ALLEN UNTERSCHIEDLICHEN VARIANTEN SEHR GERNE. OB BAYERISCH ODER ASIATISCH GANZ EGAL – JEDE ART VON ENTE SCHMECKT MIR SUPER. AUF DIESES SPEZIELLE GERICHT BIN ICH EIGENTLICH PER ZUFALL GESTOẞEN, ABER ICH FAND ES GLEICH SPITZE. ICH HOFFE, ES SCHMECKT EUCH GENAUSO GUT.

FÜR DEN SALAT:
- 25 ML HIMBEER-ESSIG
- 100 ML PFLANZENÖL
- 1 TL ZUCKER
- 1 PRISE SALZ
- 1 PRISE PFEFFER
- 10 ML WASSER
- ½ GRANATAPFEL
- 2 HANDVOLL FELDSALAT

FÜR DIE GLASUR:
- 1 CM FRISCHE INGWERWURZEL
- ¼ CHILISCHOTE
- 1 EL AHORNSIRUP
- 1 TL SÜẞE CHILI-SAUCE
- 1 TL PFLANZENÖL
- 1 TL LIMETTENSAFT
- 1 PRISE BRAUNER ZUCKER
- 1 PRISE SALZ

FÜR DIE ENTE:
- 2 BARBARIE-ENTEN-BRÜSTE
- SALZ UND PFEFFER

1 Für das Salatdressing Essig, Öl, Zucker, Salz, Pfeffer und Wasser in eine Schüssel geben und mit einem Schneebesen gut verrühren. Nun den Granatapfel halbieren und die Kerne mithilfe eines Löffels aus der Schale klopfen. Granatapfelkerne zum Dressing geben und unterrühren. Den Feldsalat gründlich waschen, putzen und trocken schütteln.

2 Als Nächstes für die Glasur den Ingwer schälen und reiben. Die Chilischote waschen, putzen und fein hacken. Beides mit den restlichen Zutaten in eine Schüssel geben und kräftig miteinander verrühren, bis sich eine cremige Sauce bildet.

3 Backofen auf 160 Grad Umluft vorheizen. Nun die Haut der Entenbrüste mit einem scharfen Messer einritzen. Die Entenbrüste von beiden Seiten mit Salz und Pfeffer würzen und in einer heißen Pfanne auf der Hautseite anbraten. Nach circa 3 Minuten wenden und weitere 2–3 Minuten braten. Anschließend die Brüste aus der Pfanne nehmen und mindesten 2 Minuten ruhen lassen. Dann die Entenbrüste mithilfe eines Pinsels mit der Glasur bestreichen und auf einem Blech im vorgeheizten Ofen 4–5 Minuten garen. Nach der Hälfte der Zeit noch einmal mit der Glasur bestreichen. Für die letzten beiden Minuten den Ofen auf Oberhitze schalten. Die Glasur sollte dadurch schön karamellisieren.

4 Den Feldsalat mit dem Dressing mischen und auf einem Teller anrichten. Die Entenbrüste in feine Scheiben schneiden und auf dem Salat verteilen.

FÜR 2 PERSONEN

BALSAM FÜR DIE SEELE

TAGLIATA MIT RINDERFILET,

Rucola-Tomaten-Salat und Balsamico-Maracuja-Dressing

FÜR MICH SCHMECKT KEINE FRUCHT MEHR NACH SOMMER ALS EINE REIFE MARACUJA. IN DIESEM REZEPT BILDET IHR SAFT DAHER AUCH DIE LECKERE GRUNDLAGE FÜR EINE GANZ BESONDERE SALATSAUCE, DIE NOCH MIT PASSIONSFRUCHT VERFEINERT WIRD. UND DAMIT BEKOMMT DAS ZARTE RINDERFILET EINEN FRUCHTIG-FRISCHEN BEGLEITER MIT EINEM SPEZIELLEN KICK.

FÜR DEN SALAT:

> 100 ML MARACUJASAFT
> 200 ML APFELSAFT
> 100 ML DUNKLER BALSAMICO
> 1 TL SENF
> SALZ UND PFEFFER
> 1 PRISE ZUCKER
> 220 ML PFLANZENÖL
> 2 PASSIONSFRÜCHTE
> 2 HANDVOLL RUCOLA
> 8 KIRSCHTOMATEN

FÜR DAS FLEISCH:

> 300 G RINDERFILET
> SALZ UND PFEFFER
> 2 EL PFLANZENÖL

1 Für das Salatdressing den Maracuja- und den Apfelsaft in einen Topf geben, aufkochen und die Flüssigkeit auf ca. 75 ml einkochen lassen (reduzieren). Den Saft mit Balsamico, Senf, Salz, Pfeffer und Zucker in ein hohes Gefäß füllen und mit einem Stabmixer cremig rühren, dabei das Öl langsam hinzugießen. Die Passionsfrüchte halbieren und das Fruchtfleisch mit den Kernen in das Dressing einrühren.

2 Backofen auf 120 Grad Umluft vorheizen. Nun das Rinderfilet mit Salz und Pfeffer würzen, dann in einer ofenfesten, heißen Pfanne in dem Öl auf jeder Seite ca. 3–4 Minuten scharf anbraten. Dann das Fleisch herausnehmen und 2–3 Minuten ruhen lassen. (Die Fasern des Fleischs ziehen sich beim Anbraten zusammen, durch kurzes Ruhen entspannen sie sich wieder. So tritt beim Aufschneiden kein Fleischsaft aus und das Fleisch bleibt saftig). Nach dem Ruhen Fleisch wieder in die Pfanne geben und 12–15 Minuten im Ofen weitergaren.

3 Währenddessen den Rucola waschen, putzen und trocken schütteln. Die Kirschtomaten waschen und vierteln.

4 Das Fleisch nach dem Garen im Ofen noch einmal 1 Minute ruhen lassen, dann in ca. 1 cm dicke Scheiben aufschneiden und auf Tellern anrichten. Rucola und Kirschtomaten mit dem Dressing (1–2 EL davon zurückbehalten) vermengen und Salat über dem Fleisch drapieren. Zum Schluss Salat mit dem restlichen Dressing beträufeln.

HOW YOU GET THE GIRL

FISCH IN SALZKRUSTE

FÜR 2 PERSONEN

DAS IST EINES MEINER ABSOLUTEN LIEBLINGSREZEPTE. BESONDERS GERN ESSE ICH DIESEN TOLLEN FISCH AUF MALLORCA IM LOKAL »MANOLO«. GUT GEEIGNET SIND LOUP DE MER (WOLFSBARSCH) ODER DORADE. WICHTIG IST NATÜRLICH VOR ALLEM, DASS DER FISCH WIRKLICH FRISCH IST. DAS DAZU PASSENDE URLAUBSFEELING STELLT SICH BEIM ESSEN DANN VON GANZ ALLEIN EIN.

- 1 KG GROBES MEERSALZ (GRAUES SALZ)
- 3 EIWEIß
- 100 ML WASSER
- 4 EL SPEISESTÄRKE
- 2 ZWEIGE FRISCHER ROSMARIN
- 2 ZWEIGE FRISCHER THYMIAN
- ½ KNOBLAUCHZEHE
- 750–800 G FISCH IM GANZEN, Z.B. LOUP DE MER ODER DORADE (KÜCHENFERTIG)
- 4 SCHEIBEN ZITRONE
- ETWAS OLIVENÖL
- PFEFFER
- ETWAS ZITRONENSAFT ZUM BETRÄUFELN

1 Backofen auf 160 Grad Umluft vorheizen. Das Salz in eine Schüssel geben und mit dem Eiweiß, dem Wasser und der Speisestärke vermengen und gut durchkneten.

2 Die Kräuter waschen und trocken schütteln, den Knoblauch mit einem Messer andrücken. Den Fisch mit Rosmarin, Thymian, Knoblauch und Zitronenscheiben füllen und von außen mit Olivenöl und Pfeffer einreiben.

3 Nun ein Blech mit Backpapier auslegen und den Fisch in der Mitte platzieren. Den Fisch komplett mit der Salzmasse bedecken und anschließend das Salz fest andrücken, sodass eine Art Hülle um den Fisch entsteht. Den Fisch ca. 45 Minuten im Ofen garen. Die letzten 5 Minuten die Temperatur auf 180 Grad erhöhen, damit eine schöne Kruste entsteht.

4 Den fertigen Fisch aus dem Ofen holen und mit einem Sägemesser die Kruste rundherum anschneiden. Achtung: Nicht zu tief schneiden, denn wir wollen nur die Kruste in einem Stück entfernen und nicht das Fischfilet verletzen. Die Kruste entfernen, den Fisch tranchieren, mit einem Schuss Olivenöl und Zitronensaft beträufeln und mit den gewünschten Beilagen, z. B. Petersilienkartoffeln oder gemischtem Salat, servieren.

FÜR 2 PERSONEN

BUONA SERA

MEDITERRANE GNOCCHI

HABT IHR EINMAL GAR KEINE ZEIT ZU KOCHEN, ABER TROTZDEM LUST AUF ETWAS GUTES? ÜBERHAUPT KEIN PROBLEM! DENN DIESE GNOCCHI MIT SAUCE SIND SUPERFIX FERTIG UND SCHMECKEN SO GUT WIE ORIGINAL BEIM ITALIENER. NATÜRLICH WIRD DAS GERICHT AM BESTEN, WENN IHR MÖGLICHST FRISCHE UND GUTE KARTOFFELNOCKEN VERWENDET.

V

VEGETARISCH

- 20 G PINIENKERNE
- 8 KIRSCHTOMATEN
- 2 KLEINE HANDVOLL RUCOLA
- 300 G FRISCHE KARTOFFELGNOCCHI (AUS DEM KÜHLREGAL)
- SALZ
- 100 G BUTTER
- 4 EL FRISCHES PESTO (BASILIKUM ODER TOMATE)
- 1 SPRITZER ZITRONENSAFT
- PFEFFER AUS DER MÜHLE
- GERIEBENER PARMESAN NACH BELIEBEN

1 Zunächst die Pinienkerne in einer heißen Pfanne ohne Öl anrösten, dabei die Pfanne immer wieder schwenken, damit die Kerne gleichmäßig geröstet werden. Kerne aus der Pfanne nehmen und auf einem Teller abkühlen lassen.

2 Die Kirschtomaten waschen und halbieren. Den Rucola waschen, putzen, trocken schütteln und etwas klein zupfen.

3 Nun die Gnocchi in einen Topf mit kochendem Salzwasser geben, nach Packungsangabe kochen und danach in ein Sieb abgießen. 100 ml von dem Kochwasser aufbewahren.

4 Die Butter und das aufbewahrte Kochwasser in einem Gefäß mit einem Stabmixer verrühren, sodass eine cremige Sauce entsteht.

5 Die Gnocchi vor dem Servieren mit etwas von der Sauce, dem Pesto, etwas Salz und Zitronensaft in einem Topf vermischen. Dann in tiefen Tellern anrichten. Den Rucola und die Kirschtomaten über den Gnocchi verteilen und zum Schluss die Pinienkerne darüberstreuen. Mit etwas Pfeffer aus der Mühle bestreuen. Wer mag, kann etwas Parmesan dazu servieren.

AUF TEUER

TRÜFFEL-PASTA

FÜR 2 PERSONEN

WENN IRGENDWO TRÜFFEL AUF DER KARTE STEHT, DANN KLINGT DAS GLEICH NACH ETWAS GANZ BESONDEREM. IST ES AUCH, DENN DER KOSTBARE EDELPILZ GIBT JEDEM ESSEN NOCH EINEN AUßERGEWÖHNLICHEN KICK. DAS SCHMECKT NICHT NUR, SONDERN HINTERLÄSST AUCH EINDRUCK. UND DAS GUTE DARAN: DIE ZUBEREITUNG VON PASTA MIT TRÜFFELN IST WIRKLICH EINFACH.

V

VEGETARISCH

- SALZ
- 240 G FRISCHE EIERNUDELN
- 50 ML SAHNE
- 50 G GEHOBELTER PARMESAN
- 50 G TRÜFFELBUTTER
- 50 G BUTTER
- 5 G TRÜFFELÖL
- 20 G SCHWARZER TRÜFFEL

1 Ausreichend Wasser mit etwas Salz in einem Topf aufkochen und die Nudeln darin laut Packungsangabe bissfest garen. Anschließend in ein Sieb abgießen. Dabei 75 ml von dem Kochwasser aufheben.

2 Die Sahne in einen kleinen Topf geben und kurz aufkochen. Nun das Nudelwasser hinzugeben. Jetzt den Parmesan, die Trüffelbutter, die Butter und das Trüffelöl dazufügen und mit einem Schneebesen schaumig rühren.

3 Die Nudeln wieder in den Topf geben, die Sauce darübergießen und die Nudeln darin schwenken. Nudeln herausheben und in tiefen Tellern anrichten. Die Sauce in dem Topf mit dem Pürierstab aufschäumen und pro Teller 1–2 EL davon über die Nudeln träufeln. Zum Schluss den Trüffel mit einem feinen Hobel über die Nudeln reiben.

Es gibt schwarzen und weißen Trüffel. Weißer duftet stärker, hat aber einen zarteren Geschmack. Schwarzer Trüffel schmeckt intensiver und ist daher für diese Pasta ideal. Ihr könnt aber problemlos auch Trüffelöl nutzen – das gibt es mittlerweile in jedem Supermarkt.

FÜR 2 PERSONEN

PULPO RAIN, PULPOOOO RAIN

PULPO-CARPACCIO

mit Fenchelsalat

VON CARPACCIO GIBT ES JA VIELE VERSCHIEDENE ARTEN. URSPRÜNGLICH WAR ES NUR DÜNN GESCHNITTENES ROHES RINDFLEISCH, MITTLERWEILE WIRD DER BEGRIFF AUCH FÜR FEIN GESCHNITTENES MARINIERTES GEMÜSE, FISCH UND SOGAR OBST VERWENDET. DIESES TINTENFISCHCARPACCIO IST AUF JEDEN FALL ETWAS GANZ AUßERGEWÖHNLICHES, ABER DENNOCH GANZ EINFACH ZUZUBEREITEN.

FÜR DAS CARPACCIO:

- 1 KLEINER OKTOPUS (FRISCH ODER TK; WENN TK, DANN AUFGETAUT)
- ½ ZWIEBEL
- 50 G SELLERIE
- 1 KAROTTE
- 1 LORBEERBLATT
- 100 ML WEIßWEIN
- SALZ

FÜR DEN SALAT:

- 1 ½ FENCHEL
- SALZ
- 125 G CHERRYTOMATEN
- 2 STÄNGEL GLATTE PETERSILIE
- 100 ML OLIVENÖL
- SAFT VON ½ ZITRONE
- 1 EL WEIßER BALSAMICO
- 1 EL MEERSALZ
- PFEFFER
- 1 PRISE ZUCKER

1 Zunächst den Kopf des Oktopusses am Ubergang zu den Tentakeln abschneiden. Jetzt den harten Schnabel aus der Mitte der Tentakel entfernen.

2 Zwiebel schälen und in grobe Stücke schneiden. Sellerie und Karotte putzen, waschen und ebenfalls klein schneiden. Oktopus und Gemüse mit dem Lorbeerblatt, dem Weißwein und etwas Salz in den Topf geben. So viel Wasser angießen, dass der Oktopus damit bedeckt ist. Wasser aufkochen und Oktopus darin in 45–60 Minuten weich kochen.

3 Jetzt die Tentakel fest in Frischhaltefolie einwickeln und die Enden der Folie gut zudrehen, bis keine Luft mehr zwischen den Tentakeln ist, und zuknoten. Die Tentakelrolle nun für ca. 8–10 Stunden im Kühlschrank lagern. Den Kopf des Oktopusses in ca. 5 mm dicke Scheiben schneiden und ebenfalls kaltstellen.

4 Den Fenchel waschen, putzen, halbieren, den Strunk entfernen und den Rest in feine Streifen schneiden. Das Fenchelgrün zum Garnieren aufbewahren. Den Fenchel ca. 1 Minute in einem Topf mit kochendem Salzwasser blanchieren und anschließend in kaltem Wasser abschrecken. Die Cherrytomaten waschen und vierteln. Die Petersilie waschen, trocken schütteln und klein schneiden. Aus Olivenöl, Zitronensaft, Balsamico Salz, Pfeffer und Zucker in einer Schüssel ein Dressing anrühren. Den Fenchel, die Cherrytomaten und die Petersilie in einer Schüssel vermischen und mit einem Teil des Dressings anmachen. Den Salat ca. 10 Minuten ziehen lassen.

5 Die Oktopustentakel von der Folie befreien und feine Scheiben abschneiden. Scheiben (auch vom Oktopuskopf) anschließend auf Tellern auslegen, mit dem restlichen Dressing bepinseln und leicht mit Salz und Pfeffer würzen. Den Salat auf dem Carpaccio platzieren und das Ganze mit Fenchelgrün garnieren.

JIMIS *Oh Honey* SCHNELLES HÜHNCHEN

FÜR 2 PERSONEN

DIESES GERICHT IST FÜR MICH EINFACH DIE PERFEKTE KOMBINATION AUS SÜß UND SALZIG. DER HONIG UND DIE FRUCHTIGE ORANGE VERLEIHEN DEM HÄHNCHEN EIN TOLLES AROMA – DAS SCHMECKT UM KLASSEN BESSER ALS BEIM CHINESEN UM DIE ECKE. UND GANZ EHRLICH: DAS GANZE IST GANZ FIX FERTIG!

FÜR DIE MARINADE:

- 1 CM FRISCHE INGWERWURZEL
- 1 KNOBLAUCHZEHE
- 1 EL FLÜSSIGER HONIG
- 1 EL ORANGENSAFT
- 1 EL ORANGENMARMELADE
- 2 EL PFLANZENÖL

FÜR DEN REIS:

- 125 G WILDREIS
- SALZ
- 1 ORANGE
- 5 STÄNGEL GLATTE PETERSILIE

FÜR DAS HÄHNCHEN:

- 2 HÄHNCHENBRÜSTE
- SALZ
- ETWAS PFLANZENÖL FÜR DAS BLECH

1 Als Erstes für die Marinade Ingwer und Knoblauch schälen und fein reiben. Dann mit den restlichen Zutaten für die Marinade in eine Schüssel geben und gut verrühren.

2 Nun den Reis zubereiten. Reis in einem Topf mit ausreichend Wasser und etwas Salz ca. 30 Minuten kochen. Währenddessen die Orange mit einem Messer schälen, dabei auch die weiße Haut entfernen und das Fruchtfleisch in 5 x 5 mm große Würfel schneiden. Die Petersilie waschen, trocken schütteln, die Blättchen abzupfen und anschließend in feine Streifen schneiden.

3 Backofen auf 160 Grad Umluft vorheizen. Die Hähnchenbrüste rundherum salzen und auf ein gefettetes Blech legen. Dann im vorgeheizten Ofen ca. 15 Minuten mit der Hautseite nach oben garen. Nun die Marinade auf das Fleisch streichen und gut verteilen. Dabei nicht zu dick auftragen, sonst verbrennt die Marinade. Jetzt die Temperatur des Ofens auf 190 Grad Ober-/Unterhitze erhöhen und die Hähnchenbrüste mindestens 10 Minuten braten, sodass die Marinade etwas karamellisiert und eine schöne Kruste entsteht. Während der Garzeit noch einmal mit Marinade bestreichen.

4 Zum Servieren Orangenwürfel und Petersilie unter den Reis mischen. Die Hähnchenbrüste eventuell aufschneiden und mit dem Reis auf Tellern anrichten.

LAGUIOLE
INOX FRANCE

FÜR 2 PERSONEN

EY, MANGIARE
SPAGHETTI ALLE VONGOLE

MANCHMAL HAT MAN EINFACH FERNWEH, ABER DER NÄCHSTE URLAUB IST NOCH WEIT. DA KANN ICH EUCH NUR DIESE SUPERLECKERE PASTA EMPFEHLEN. DIE SCHMECKT NACH MEER, URLAUB, ITALIEN UND STRAND. DANN NOCH DIE PASSENDE MUSIK UND EIN GLÄSCHEN WEIẞWEIN DAZU – DA KOMMT DIE ENTSPANNUNG VON GANZ ALLEIN ...

> CA. 20 VONGOLE-MUSCHELN
> 1 KLEINE ZWIEBEL
> 1 KNOBLAUCHZEHE
> ½ CHILISCHOTE
> 2 STÄNGEL GLATTE PETERSILIE
> SALZ
> 150 G SPAGHETTI
> 2–3 EL OLIVENÖL + ETWAS ZUM BETRÄUFELN (OPTIONAL)
> PFEFFER
> 125 ML WEIẞWEIN
> 75 ML WASSER
> 4 EL BUTTER

1 Zunächst die Muscheln in einer Schüssel mit kaltem Wasser waschen und danach in einem Sieb abtropfen lassen. Die Zwiebel und den Knoblauch schälen und anschließend in feine Würfel schneiden. Die Chilischote waschen, putzen und ebenfalls fein hacken. Die Petersilie waschen, trocken schütteln und klein schneiden.

2 In einem Topf ausreichend Wasser mit etwas Salz zum Kochen bringen und die Spaghetti darin al dente kochen.

3 Nun die Zwiebeln, den Knoblauch und die Chili in einem Topf in dem Olivenöl auf mittlerer Hitze ca. 3–4 Minuten anschwitzen. Dann die Muscheln dazugeben, ca. 2–3 Minuten garen und mit Salz und Pfeffer würzen. Weißwein und Wasser angießen, kurz aufkochen und alles 2–3 Minuten köcheln lassen, damit die Muscheln garen und der Alkohol verfliegen kann. Danach die Butter hinzugeben. (Die kalte Butter bindet die Flüssigkeit und das Fett ist ein Geschmacksträger.) Zum Schluss die Spaghetti und die Petersilie zu den Muscheln geben und alles gut miteinander vermengen.

4 Die Muschelnudeln auf Tellern anrichten. Nach Belieben noch mit etwas Olivenöl beträufeln und mit Pfeffer bestreuen.

FISCHERS FRITZ

FISCHKÜCHLEIN MIT KORIANDERDIP

FÜR 3 PERSONEN

BEI KUCHEN ODER KÜCHLEIN DENKT WOHL JEDER ZUNÄCHST EINMAL AN ETWAS SÜßES FÜR DIE KAFFEETAFEL. DASS DAS ABER NICHT IMMER STIMMEN MUSS, BEWEIST DIESES SUPERGUTE REZEPT. DENN HIER GEHT ES UM EINEN HERZHAFTEN FISCHKUCHEN – ABER LECKER IST DER AUCH AUF JEDEN FALL. UND ALS SAHNEERSATZ GIBT ES DEN FRISCHEN KORIANDERDIP MIT DAZU.

FÜR DEN DIP:

> 150 G JOGHURT 3,5 % FETT
> 100 G CRÈME FRAÎCHE
> SAFT VON ½ LIMETTE
> 50 ML PFLANZENÖL
> ½ BUND FRISCHER KORIANDER
> 8 PISTAZIEN
> SALZ
> ETWAS ZUCKER
> ETWAS CAYENNEPFEFFER

FÜR DIE FISCHKÜCHLEIN:

> 300 G FISCHFILET, Z. B. LACHS ODER KABELJAU (OHNE HAUT UND GRÄTEN)
> SALZ UND PFEFFER
> SAFT VON ½ ZITRONE
> ETWAS FETT FÜR DIE FORMEN
> 3 EIER
> 1 PACKUNG SAUCE BÉARNAISE (FERTIGPRODUKT)

1 Für den Dip Joghurt, Crème fraîche, Limettensaft und Öl in eine Schüssel geben und gut mit einem Schneebesen verrühren. Den Koriander waschen, trocken schütteln und klein schneiden. Die Pistazien grob hacken. Jetzt den Dip mit Salz, Zucker und Cayennepfeffer abschmecken. Vor dem Servieren die Pistazien und den Koriander unterheben.

2 Den Backofen auf 95 Grad Umluft vorheizen. Für die Fischküchlein das Fischfilet mit Salz und Pfeffer würzen und mit etwas Zitronensaft beträufeln. In eine gefettete Auflaufform legen und im vorgeheizten Ofen ca. 17 Minuten lang garen. Den Fisch anschließend im Kühlschrank kalt stellen.

3 Wenn der Fisch komplett durchgekühlt ist, mit einer Gabel in kleine Stückchen zerkleinern. Die Eier trennen. Das Eigelb mit der Sauce béarnaise und dem Fisch in eine Schüssel geben, verrühren und kräftig mit Salz, Pfeffer und Zitronensaft abschmecken. Anschließend die Masse gut vermengen.

4 Jetzt das Eiweiß mit einer Prise Salz in einer Schüssel mit dem Handrührgerät steif schlagen. Selbst wenn man die Schüssel auf den Kopf stellt, sollte kein Eiweiß mehr herauslaufen. Das Eiweiß nun vorsichtig unter die Fischmasse heben.

5 Den Backofen auf 170 Grad Umluft vorheizen. Die Masse in eingefettete Souffléförmchen füllen und ca. 25 Minuten im Ofen backen. Den Ofen während der Backzeit nicht öffnen, sonst fallen die Küchlein zusammen. Zu den Fischküchlein den Korianderdip reichen.

FÜR 2 PERSONEN

BOCK? SALTIMBOCCA VOM SAIBLING mit Limonenbutter

SOLL ES HEUTE VIELLEICHT MAL ETWAS GANZ BESONDERS FEINES GEBEN? DIESES AUßERGEWÖHNLICHE FISCHGERICHT MIT SAIBLING UND PARMASCHINKEN MACHT BEI ALLEN GÄSTEN GARANTIERT GROßEN EINDRUCK, SCHMECKT SUPER TOLL ... UND IST TROTZDEM GANZ EINFACH ZU KOCHEN. ALSO LOS ...

FÜR DEN FISCH:

> 360 G SAIBLINGFILET (2 FILETS OHNE GRÄTEN)
> SALZ UND PFEFFER
> 1 HANDVOLL MEHL
> 4 GROßE BLÄTTER SALBEI
> 4 DÜNNE SCHEIBEN PARMASCHINKEN
> 2 EL PFLANZENÖL
> ETWAS BUTTER (OPTIONAL)

FÜR DIE SAUCE:

> 25 ML ZITRONEN- ODER LIMETTENSAFT
> 25 ML WEIßWEINREDUKTION (SIEHE SEITE 91)
> 125 G BUTTER
> SALZ UND PFEFFER

1 Backofen auf 180 Grad Umluft vorheizen. Die Fischfilets von beiden Seiten mit Salz und Pfeffer würzen und anschließend im Mehl wenden. Überschüssiges Mehl abklopfen. Dann jeweils 2 Salbeiblätter (ohne Stiel) auf die Hautseite des Fischfilets legen und je 2 Scheiben Parmaschinken fest um den Fisch wickeln. Die Fischfilets sollten nun komplett mit dem Schinken eingepackt sein.

2 Die Saiblingfilets in einer ofenfesten, heißen Pfanne in dem Öl zuerst auf der Hautseite ca. 2–3 Minuten goldbraun und knusprig braten. Dann wenden und die andere Seite ebenfalls 2–3 Minuten braten. Wer mag, kann nun etwas Butter in die Pfanne geben und den Fisch darin schwenken. Anschließend den Fisch ca. 2 Minuten im Ofen garen. Er sollte in der Mitte noch glasig sein. Vor dem Anrichten die Filets auf einem Küchenpapier abtropfen lassen.

3 Für die Buttersauce den Zitronen- oder Limettensaft und die Weißweinreduktion in einem kleinen Topf erhitzen. Die Butter in Würfel schneiden und anschließend mit einem Stabmixer nach und nach unter die heiße Flüssigkeit rühren, sodass eine schaumige Sauce entsteht. Dabei darf die Sauce nicht zu heiß werden, da sich sonst das Fett und das Wasser trennen und die Sauce ihre Bindung verliert. Mit Salz und Pfeffer abschmecken.

4 Vor dem Anrichten Sauce mit einem Stabmixer aufschäumen, dann zum Fisch servieren. Als Beilage passt gemischter Salat.

FÜR 2 PERSONEN

SASHIMI ROLLIN

Sashimi mit Nussbutter und Zitrus-Soja-Sauce

DIESES WUNDERBARE GERICHT IST GERADE IM HEIßEN SOMMER EINE TOLLE UND LEICHTE VORSPEISE. DER FISCH ERHÄLT DURCH DIE ZITRUS-SOJA-SAUCE EIN GANZ BESONDERS AUSGEFALLENES AROMA. AUßERDEM SCHMECKT DAS GANZE SO LEICHT, DASS MAN NOCH GENÜGEND APPETIT FÜR EINE LECKERE HAUPTSPEISE HAT.

> 160 G LACHSFILET
> 1–2 LAUCHZWIEBELN
> 1 KARTOFFEL
> PFLANZENÖL ZUM BRATEN
> SALZ UND PFEFFER
> 150 G BUTTER
> 1 EL ZITRONENSAFT
> 1 EL SOJASAUCE

ALTERNATIV:

> 160 G LOUP DE MER (WOLFSBARSCHFILET)
> SALZ UND PFEFFER
> 4 KIRSCHTOMATEN
> 1 HANDVOLL RUCOLA
> ½ ROTE ZWIEBEL
> 1 EL ZITRONENSAFT
> 1 EL SOJASAUCE
> 1 EL OLIVENÖL
> 150 G BUTTER

1 Zunächst den Lachs in 5 mm dicke Scheiben schneiden und kaltstellen. Die Lauchzwiebel putzen, waschen und in feine Röllchen schneiden. Die Kartoffel gut waschen und (mit Schale) in dünne Scheiben schneiden oder hobeln. Anschließend in eine Schüssel mit Wasser legen, sodass alle Scheiben bedeckt sind. (So wird die Stärke herausgewaschen und die Chips werden knuspriger und schöner). Nun die Kartoffelscheiben aus dem Wasser heben, mit Küchenpapier trocken tupfen und in einer heißen Pfanne in dem Öl goldbraun ausbacken. Danach auf einem Küchenpapier abtropfen und abkühlen lassen.

2 Die Lachsscheiben auf einem Servierteller hintereinander aufreihen und mit Salz und Pfeffer würzen.

3 Die Butter in einen Stieltopf geben und bei hoher Hitze schmelzen lassen und kochen, bis die Molke (Flüssigkeit) verdampft und eine klare Flüssigkeit entsteht. Unter ständigem Rühren weiter erhitzen, bis sich die Butter leicht braun färbt und kleine Partikel entstehen. Die Nussbutter durch ein Sieb abgießen und schnell mit einem Löffel auf dem Lachs verteilen.

4 Den Zitronensaft in einer Schüssel mit der Sojasauce verrühren. Die Zitrus-Soja-Sauce über den Lachs träufeln. (Der Lachs gart durch die warme Butter und die Säure der Sauce etwas.) Die Chips über das Sashimi legen und mit den Lauchzwiebelröllchen garnieren.

5 **Alternativ kann eine Variante des Gerichts auch mit Loup de Mer zubereitet werden:** Loup de Mer wie den Lachs in 5 mm dicke Scheiben schneiden, kaltstellen und danach anrichten und mit Salz und Pfeffer würzen.

6 Kirschtomaten waschen und vierteln, Rucola waschen, putzen und trocken schütteln. Zwiebel schälen, halbieren und in feine Streifen schneiden. Die vorbereiteten Zutaten in einer Schüssel vermischen und mit einem Dressing aus Zitronensaft, Sojasauce, Olivenöl, Salz und Pfeffer anmachen. Aus der Butter, wie oben beschrieben, Nussbutter zubereiten und über den Fisch träufeln. Dann den Salat mittig auf dem Sashimi anrichten.

DER HYPE
AVOCADOTATAR *mit Garnelen*

FÜR 2 PERSONEN

MIT 17 HABE ICH DAS ERSTE MAL FÜR EIN DATE GEKOCHT. ICH WAR TOTAL NERVÖS, DENN ES SOLLTE JA NICHTS SCHIEFGEHEN, UND ICH WOLLTE SIE BEEINDRUCKEN. DA HABE ICH MICH FÜR AVOCADO-TATAR MIT SHRIMPS ENTSCHIEDEN.
SIE WAR BEGEISTERT ... UND ICH HABE IHR DAS DANN IMMER WIEDER MACHEN MÜSSEN. KEIN PROBLEM, DENN DAS GEHT ECHT FIX. IHR MÜSST NUR DARAUF ACHTEN, DASS DIE AVOCADO REIF IST, SONST IST SIE HART UND SCHMECKT NACH GAR NICHTS.

> 1 REIFE AVOCADO
> 20 G ROTE ZWIEBELN
> ¼ CHILISCHOTE
> ¼ BUND SCHNITTLAUCH
> 1 PRISE SALZ
> 1 PRISE PFEFFER
> 1 PRISE ZUCKER
> 20 G OLIVENÖL
> SAFT VON ½ LIMETTE
> 4 KLEINE GARNELEN MIT SCHALE
> 2 ZWEIGE ROSMARIN
> ½ KNOBLAUCHZEHE
> 1 EL PFLANZENÖL
> 1 EL BUTTER
> 1 SCHEIBE ZITRONE

1 Die Avocado halbieren, den Kern entfernen (aber aufheben!) und anschließend das Fruchtfleisch in Würfel schneiden. Die Zwiebel schälen und klein würfeln. Die Chilischote waschen, putzen und fein hacken. Den Schnittlauch waschen, trocken schütteln und in feine Röllchen schneiden.

2 Alle vorbereiteten Zutaten in eine Schüssel geben und vorsichtig miteinander vermengen. Nun Salz, Pfeffer, Zucker, Olivenöl und Limettensaft hinzugeben und gut verrühren. Anschließend das Tatar kaltstellen und kurz ziehen lassen, dabei den Avocadokern in die Mitte setzen (siehe Tipp).

3 Die Schale der Garnelen bis zum Kopf entfernen, sodass der Schwanz frei liegt, aber der Kopf noch dranbleibt. Den Rosmarin waschen und mit Küchenpapier trocken tupfen, den Knoblauch mit einem Messer andrücken. Beides mit den Garnelen in eine heiße Pfanne mit Öl geben. Garnelen rundum anbraten. Zum Schluss die Butter und die Zitronenscheibe in die Pfanne geben und die Garnelen darin schwenken und ziehen lassen.

4 Vor dem Servieren den Avocadokern aus der Schüssel nehmen und das Tatar mit den Garnelen garnieren.

JIMI BLUES SUPERTIPP

Am besten den Avocadokern immer bis kurz vor dem Servieren in der Schüssel mit dem Tatar oder einer anderen Avocadocreme lassen, dann wird das Ganze nicht braun, bleibt schön grün und sieht appetitlicher aus.

SATANSBRATEN
SAUERBRATEN

FÜR 2 PERSONEN

SO RICHTIG SCHÖN BEEINDRUCKEN KANN MAN NATÜRLICH MIT EINEM BRATEN – DABEI IST DER SO SIMPEL ZU KOCHEN. VORBEREITEN, IN DEN OFEN, DANN HAT MAN GENUG ZEIT FÜR ALLES ANDERE. IMMER WENN WIR BEI MEINER OMA IN FULDA SIND, GIBT ES IHREN SAUERBRATEN. LANGE ZEIT HABE ICH MICH DA NICHT RANGETRAUT. DABEI IST ES EIGENTLICH GANZ EINFACH, WENN MAN EIN PAAR REGELN BEACHTET. GUT, DASS ICH MEINE OMA ALS LEHRERIN HATTE ... UND IHR HABT JA MICH!

> 1,3 KG SAUERBRATENFLEISCH VOM RIND (KEULE ODER SCHULTER)
> 2 ZWIEBELN
> 1 KNOLLENSELLERIE
> 1 GROßE KAROTTE
> 2 KNOBLAUCHZEHEN
> 2 NELKEN
> 2 LORBEERBLÄTTER
> 10 SCHWARZE PFEFFERKÖRNER
> 5 WACHOLDERBEEREN
> SALZ
> 1 PRISE ZUCKER
> 500 ML ROTWEIN
> 200 ML ROTWEINESSIG
> 2 EL HONIG
> 200 ML FLEISCHBRÜHE
> ETWAS WASSER BEI BEDARF
> 2 EL PFLANZENÖL
> 100 G SCHWARZBROT

1 Das Fleisch muss erst einmal mindestens 5 und maximal 7 Tage vor dem eigentlichen Kochvorgang eingelegt werden. Für den Einlegesud zunächst die Zwiebeln, den Sellerie, die Karotte und den Knoblauch schälen und in grobe Würfel schneiden. Das Gemüse mit den Gewürzen, Wein, Essig, Honig und Brühe in einem Bräter gut vermengen und anschließend das Fleisch in den Sud einlegen. Das Fleisch muss komplett mit Flüssigkeit bedeckt sein. Fehlt Flüssigkeit, etwas Wasser hinzugeben. Nun den Deckel des Bräters auflegen und den Sauerbraten die angegebene Zeit im Kühlschrank lagern.

2 Nach der Einlegezeit das Fleisch aus dem Sud heben und mit Küchenpapier trocken tupfen. Den Sud durch ein Sieb abgießen und in einem Behälter auffangen.

3 Den Bräter waschen und abtrocknen, dann das Fleisch darin im heißen Pflanzenöl von beiden Seiten scharf anbraten. Nun das Gemüse und die Gewürze aus dem Sieb hinzugeben und ebenfalls scharf mit anbraten. Den Sud wieder angießen und Braten ca. 2 Stunden bei niedriger Hitze garen lassen. Dann das Fleisch entnehmen und abgedeckt warmstellen.

4 Das Brot in die Sauce bröseln und diese ca. 20 Minuten köcheln lassen. Lorbeerblätter herausnehmen und Sauce mit einem Stabmixer pürieren. Ist sie zu flüssig, etwas Butter und Mehl im Verhältnis 1 : 1 mischen und in die kochende Sauce rühren, bis die gewünschte Konsistenz erreicht ist.

5 Sauerbraten aufschneiden, mit der Sauce beträufeln und mit Beilagen nach Belieben, zum Beispiel Rotkohl, Salzkartoffeln oder Knödeln, servieren.

FÜR 2 PERSONEN

KLASSIKER

RUMPSTEAK *mit Kartoffelgratin*

ICH LIEBE STEAK!! DAS IST WAHRSCHEINLICH SOGAR MEIN ABSOLUTES LIEBLINGSGERICHT. NACH DEM FOLGENDEN REZEPT HABE ICH SELBST MAL FÜRS »PROMI DINNER« GEKOCHT – UND NATÜÜÜÜÜRLICH GEWONNEN! DAS TOLLE DARAN: DAS GANZE GEHT SUPER EASY UND DAS EINZIGE, WAS ETWAS ZEIT BRAUCHT, SIND DIE KARTOFFELN IM OFEN. ALSO AUCH IDEAL, WENN MAL ÜBERRASCHEND BESUCH EINTRUDELT.

FÜR DAS GRATIN:

> 1 ZWEIG ROSMARIN
> 1 ZWEIG THYMIAN
> 3 STÄNGEL PETERSILIE
> 500 ML SAHNE
> SALZ UND PFEFFER
> 1 KNOBLAUCHZEHE
> 50 G PARMESAN
> 400 G FESTKOCHENDE KARTOFFELN
> ETWAS FETT FÜR DIE FORM

FÜR DIE STEAKS:

> 500 G RUMPSTEAK
> SALZ UND PFEFFER
> 2 EL PFLANZENÖL

FÜR DIE SAUCE:

> 2 EL GROBER ENGLISCHER SENF
> 1 EL CRÈME FRAÎCHE
> 1 SPRITZER ZITRONENSAFT
> SALZ UND PFEFFER

1 Backofen auf 130 Grad Umluft vorheizen. Zunächst das Gratin zubereiten. Die Kräuter waschen, trocken schütteln und mit der Sahne, Salz, Pfeffer und der angedrückten Knoblauchzehe in einen Topf geben und ca. 15 Minuten kochen. Vorsicht: Die Sahne kocht schnell über. Dann die Sahne durch ein Sieb in einen Behälter abgießen, den Parmesan in die Sahne reiben (etwas Parmesan zum Servieren aufbewahren) und mit einem Stabmixer verrühren.

2 Als Nächstes die Kartoffeln schälen, waschen und in 2–3 mm dicke Scheiben schneiden. Die Scheiben fächerartig in eine eingefettete Auflaufform legen, sodass etwa 5 »Ringe« entstehen. Nun die Sahne darübergießen, die Oberfläche sollte knapp bedeckt sein. Gratin im vorgeheizten Ofen 40–45 Minuten backen. Falls das Gratin zu dunkel wird, die Form mit Alufolie abdecken. Vor dem Anrichten das Gratin noch einmal mit dem restlichen Parmesan bestreuen und bei 180 Grad Oberhitze im Ofen gratinieren.

3 Wahrenddessen die Steaks rundum mit Salz und Pfeffer würzen und in einer heißen Pfanne im Pflanzenöl von beiden Seiten ca. 3 Minuten scharf anbraten. Die Steaks aus der Pfanne nehmen und 2–3 Minuten in Alufolie eingeschlagen ruhen lassen. (Alufolie nicht zu fest um die Steaks schließen.) Anschließend die Steaks noch 5–6 Minuten bei 130 Grad Umluft im Ofen garen.

4 Wer zum Steak eine Sauce haben möchte, verrührt in einer Schüssel Senf, Crème fraîche und Zitronensaft und schmeckt das Ganze mit Salz und Pfeffer ab. Dann Sauce zum Steak servieren und Gratin als Beilage reichen.

BEERY BLUE

Jimis Himbeercreme

FÜR 3 PERSONEN

HIMBEEREN SIND MEINE ABSOLUTEN LIEBLINGSBEEREN. ZU HAUSE IN MÜNCHEN HATTEN WIR GANZ VIELE DAVON IM GARTEN. IN BERLIN HABE ICH AUF MEINEM BALKON ZWAR KEINE FRISCHEN, ABER TIEFGEKÜHLTE SCHMECKEN FAST GENAUSO GUT. MIT DIESEM REZEPT GELINGT EUCH EINE WUNDERBAR FRUCHTIGE NACHSPEISE, DIE DURCH DEN BAISER EINE KNUSPRIGE NOTE DAZUBEKOMMT.

V

VEGETARISCH

- 100 G TK-HIMBEEREN
- 100 G MAGERQUARK
- 5 GEHÄUFTE EL ZUCKER + 1 PRISE
- 200 ML SAHNE
- 1 EIWEIß
- FRISCHE HIMBEEREN ZUM GARNIEREN
- 4 KLEINE BAISERS

1 Die Himbeeren auftauen und mit einem Schuss Wasser in einer Schüssel fein pürieren. Das Püree darf aber nicht zu flüssig sein! Den Quark und den Zucker dazugeben und alles gut miteinander vermengen.

2 Die Sahne in einer Schüssel mit dem Handrührgerät steif schlagen. Das Eiweiß in einer zweiten Schüssel mit einer Prise Zucker steif schlagen. Anschließend erst die Sahne und dann das Eiweiß vorsichtig unter den Quark heben. Die Creme abgedeckt 20 Minuten im Kühlschrank stehen lassen.

3 Die Quarkspeise vor dem Servieren mit ein paar frischen Himbeeren und dem Baiser garnieren.

FÜR 2 PERSONEN

Everybody in this pan getting tipsy

TIRAMISU

DIE TIRAMISU IST SICHER EINER DER KLASSIKER IM NACHSPEISENBEREICH, DEN JEDER KENNT UND WOHL AUCH JEDER MAG. DOCH WIESO EIGENTLICH ERST AUF DEN RESTAURANTBESUCH WARTEN, UM DIESES SUPER DESSERT ZU GENIEßEN? MIT DIESEM REZEPT KÖNNT IHR DIE ITALIENISCHE SÜßSPEISE GANZ EINFACH SELBST ZU HAUSE ZUBEREITEN.

V

VEGETARISCH

- > 2 ESPRESSOS
- > 150 G MASCARPONE
- > 50 ML SAHNE
- > 20 ML AMARETTO
- > 30 G PUDERZUCKER
- > ABRIEB VON ½ ORANGE
- > 100 G LÖFFELBISKUIT
- > 2-3 EL KAKAOPULVER (UNGESÜßT)
- > GERIEBENE ORANGENSCHALE NACH BELIEBEN

1 Den Espresso kochen und im Kühlschrank kaltstellen. Den Mascarpone und die Sahne in eine Schüssel geben und mit einem Schneebesen schlagen, bis eine feste Creme entsteht. Nun den Amaretto, den Puderzucker und den Orangenabrieb in die Mascarponecreme rühren und die Creme 30 Minuten kaltstellen.

2 Den Espresso in einen Teller schütten. Löffelbiskuit einzeln kurz in den Espresso tunken – der Biskuit soll fest bleiben und nicht zu matschig werden – und in eine Form legen. Wenn der Boden mit Löffelbiskuit bedeckt ist, etwas von der Mascarponecreme daraufstreichen. Diesen Vorgang je nach Höhe des Gefäßes beliebig oft wiederholen, die letzte Schicht besteht immer aus Mascarponecreme.

3 Tiramisu ungefähr 1 Stunde im Kühlschrank kaltstellen und vor dem Servieren mit Kakaopulver bestäuben. Wer möchte, kann vor dem Kakao noch geriebene Orangenschale für eine fruchtige Note auf die Mascarponecreme geben.

FÜR 3 PERSONEN

GRASHOPPER

ZITRONENGRAS-PANNA-COTTA

mit Erdbeer-Ragout

JEDES MAL WENN ICH ALS KIND MIT MEINEN ELTERN IN EINEM RESTAURANT ITALIENISCH ESSEN WAR, WOLLTE ICH ALS NACHTISCH AM LIEBSTEN PANNA COTTA ESSEN. IRGENDWANN HABE ICH DANN FESTGESTELLT, WIE EASY ES IST, DIESES LECKERE DESSERT SELBST ZUZUBEREITEN. BEI MIR WIRD DIE GEKOCHTE SAHNE IN EIN FRUCHTIGES ERDBEER-RAGOUT GEBETTET.

V

VEGETARISCH

FÜR DIE PANNA-COTTA:

- 4 BLATT GELATINE (ALTERNATIV: 1 TL AGAR-AGAR MIT DER SAHNE AUFKOCHEN)
- 1 VANILLESCHOTE
- 1-2 STANGEN ZITRONENGRAS
- 500 ML SAHNE
- 70 G ZUCKER

ZUM SERVIEREN:

- 250 G ERDBEEREN
- 10 G PUDERZUCKER
- 2 ZWEIGE FRISCHE MINZE

1 Als Erstes die Gelatine in einem Gefäß mit sehr kaltem Wasser einweichen. Die Vanilleschote der Länge nach halbieren und anschließend mit einem Messer vorsichtig das Mark herausschaben (am besten den Messerrücken verwenden, sonst kommt etwas bräunliche Haut mit, die Bitterstoffe enthält.) Als Nächstes das Zitronengras mit einem Kochlöffel klopfen. Dadurch platzen die Zellen auf und das Aroma wird besser freigesetzt.

2 Nun die Sahne, das Vanillemark und die Schote in einen Topf geben. Zucker und Zitronengras dazugeben und gut verrühren. Sahnegemisch bei mittlerer Hitze erwärmen. Kurz bevor die Sahne zu kochen beginnt, den Topf vom Herd nehmen und die Sahne durch ein Sieb in ein Gefäß abgießen (passieren). Die Gelatine aus dem Wasser heben und kräftig ausdrücken. Dann schnell in die warme Sahne einrühren, damit sich keine Klumpen bilden. Die Masse nun in passende Formen füllen, abdecken und mindestens 1 ½ Stunden im Kühlschrank kaltstellen.

3 Für das Erdbeerragout, zunächst die Stiele von den Erdbeeren entfernen und dann die Früchte waschen und vierteln. 75 g der Erdbeeren mit dem Puderzucker in einem Gefäß pürieren und die Sauce dann durch ein feines Sieb streichen. Jetzt den Rest der Erdbeeren mit der Sauce marinieren, dabei einen kleinen Rest Sauce zum Anrichten aufbewahren.

4 Die Formen mit der ausgekühlten, festen Panna cotta kurz in warmes Wasser tauchen, sodass sich die Creme vom Rand löst. Panna cotta auf Teller stürzen. Das Erdbeerragout daneben anrichten und die Creme mit der restlichen Erdbeersauce verzieren. Mit Minzeblättern garnieren.

UWES FAILURE ODER UWE BRÜLLT
CRÈME BRULÉE

FÜR 3 PERSONEN

MEIN VATER HAT UNGEFÄHR 20 MAL VERSUCHT, DIESES DESSERT ZUZUBEREITEN, UND ES HAT NIE FUNKTIONIERT. JEDES MAL AUFS NEUE HAT ER UNS VOLLER VORFREUDE ERZÄHLT, DASS ER AM ABEND WIEDER DIE CRÈME BRULÉE MACHEN WIRD … ABER VERGEBENS! SEHR AMÜSANT!
DAS REZEPT DAFÜR HATTE ER AUS EINEM KOCHBUCH UND HAT NATÜRLICH DEM BUCH DIE SCHULD GEGEBEN. ICH SCHLAGE EUCH HIER MAL DREI VARIANTEN VOR, BEI DENEN DAS GELINGEN EIGENTLICH SICHER IST.

V

VEGETARISCH

FÜR DIE MANDEL-VARIANTE:
> 200 ML SAHNE
> 100 ML MANDELSIRUP
> 400 ML MILCH
> 2 EIER
> 4 EIGELB
> 50 G ZUCKER + ETWAS ZUM BESTREUEN

FÜR DIE KOKOS-VARIANTE:
> 200 ML SAHNE
> 200 ML KOKOSMILCH
> 200 ML MILCH
> 1 EL HELLER RUM
> 20 ML KOKOSSIRUP
> 3 EIER
> 4 EIGELB
> 40 G ZUCKER + ETWAS ZUM BESTREUEN

FÜR DIE SCHOKO-VARIANTE:
> 360 G KUVERTÜRE 55 % KAKAOANTEIL
> 500 ML SAHNE
> 500 ML MILCH
> 20 G FETTARMES KAKAOPULVER
> 2 EIER
> 5 EIGELB
> 1–2 TL ORANGENABRIEB
> 20 G ZUCKER + ETWAS ZUM BESTREUEN

1 Den Backofen auf 90 Grad Umluft vorheizen. Für die Mandel- und die Kokosvariante gilt das gleiche Verfahren. Bei der Schokovariante wird die Kuvertüre in einem Topf zusammen mit der Sahne leicht erhitzt und geschmolzen, erst dann werden die anderen Zutaten hinzugefügt. Ab da ist das Vorgehen wieder gleich.

2 Alle Zutaten in einen hohen Behälter füllen und mit einem Stabmixer rühren, bis sich der Zucker auflöst. Anschließend die Masse in halbhohe Schälchen abfüllen und die Schälchen luftdicht mit ofenfester Folie abdecken. Ein Blech mit Rand (oder eine andere Form) ca. 2 cm hoch mit Wasser füllen und die abgedeckten Schälchen in das Blech stellen. Nun das Blech in den Ofen schieben und die Creme 50–55 Minuten garen.

3 Das Blech aus dem Ofen holen, die Schälchen ohne Folie in den Kühlschrank stellen und die Creme auskühlen lassen. Wenn die Creme kühl ist, die Oberfläche mit Zucker bestreuen, sodass alles gut bedeckt ist. Den überschüssigen Zucker etwas abklopfen. Jetzt vorsichtig mit einem Gasbrenner in einem Abstand von 10–15 cm den Zucker an der Oberfläche der Creme erhitzen, bis er karamellisiert. Vorsicht: Nicht zu lange auf einem Punkt verweilen, sonst verbrennt der Zucker.

4 Zur Kokos-Crème-brulée passt sehr gut Mango, die mit Limettensaft und -abrieb mariniert wurde. Wenn die Desserts besonders schön aussehen sollen, können alle Varianten noch mit Minzeblättern und Puderzucker garniert werden.

TIPPS & TRICKS

HIER HABE ICH EINIGE ALLGEMEINE HINWEISE FÜR EUCH VERSAMMELT, DIE BEIM KOCHEN HILFREICH SEIN KÖNNEN.

---

1 Manchmal passiert es ja, dass eine Suppe oder Sauce zu fettig geworden ist. Dann könnt ihr einfach ein Stück trockenes Brot hineingeben, das saugt das Fett auf.

2 Wenn in einem Rezept rohe Zwiebeln vorkommen, kann es sein, dass die einem ganz schön schwer im Magen liegen. Da hilft es, die geschnittenen Zwiebeln in warmes Wasser zu legen und darin auszudrücken. Das zieht die Säure heraus und verhindert Bauchschmerzen.

3 Tränen beim Zwiebelschneiden – ein altbekannter Problemfall. Am besten befeuchtet ihr das Messer, mit dem ihr schneidet, zuerst mit Wasser, das hilft!

4 Um zu vermeiden, dass beim Anbraten von Speck das Fett wild aus der Pfanne spritzt, einfach einen Schuss Wasser in die Pfanne geben.

5 Falls eure Küchenschere stumpf sein sollte, ein paar Mal durch Alufolie schneiden, so schärft sich die Schere von selbst.

6 Zum Fleischklopfen könnt ihr statt eines Fleischklopfers auch die Unterseite einer Pfanne nehmen. Legt dazu einfach ein Geschirrtuch oder ein Küchenpapier auf das Fleisch und klopft 5–6 Mal vorsichtig mit der Pfanne darauf.

7 Sollen Kräuter zerkleinert werden, empfiehlt es sich, sie in Streifen zu schneiden und nicht zu hacken, denn sonst werden sie matschig, und die Farbe tritt aus.

8 Wollt ihr Avocados essen oder zu einer Creme verarbeiten, sollten die unbedingt reif sein, denn sonst schmecken sie nicht. Wenn ihr den Stiel ganz einfach entfernen könnt, die Avocado schön grün ist und sich etwas weich anfühlt, dann ist sie perfekt. Sollte sie braun sein, dann schön im Laden lassen.

BASICS FÜR DEN VORRAT

DA ICH NICHT IMMER ZEIT UND LUST HABE, GROẞ EINZUKAUFEN, IST ES WICHTIG, EINIGE LEBENSMITTEL, DIE SICH GUT AUFBEWAHREN LASSEN, IM VORRAT ZU HABEN. SO KANN ICH JEDERZEIT AUF DEN BESTAND ZURÜCKGREIFEN, WENN MICH DER HUNGER ÜBERFÄLLT.

FOLGENDE BASICS HABE ICH EIGENTLICH IMMER ZU HAUSE:

- DIVERSE PASTA
- ZWIEBELN
- KNOBLAUCH
- KARTOFFELN
- TOMATEN, PASSIERT UND GANZ (AUS DER DOSE)
- GETROCKNETE CHILISCHOTEN
- FRISCHE KRÄUTER AUF DER FENSTERBANK
- GEMÜSEBRÜHE
- COUSCOUS
- OLIVENÖL
- SALZ UND PFEFFER
- EIER
- MEHL
- ZUCKER

EINKAUFSTIPPS

WENN IHR BEIM EINKAUFEN SEID, GIBT ES EINIGE DINGE, DIE IHR BEACHTEN SOLLTET, DAMIT IHR NICHT UNNÖTIGE DINGE EINKAUFT UND EUCH ZU HAUSE ÄRGERT ODER ZU VIEL GELD AUSGEBT.

1 Ich habe mir beim Einkaufen angewöhnt, generell in die unteren Fächer von Regalen zu schauen. Denn dort finden sich meist die preiswerten Produkte, die aber trotzdem nicht schlechter sein müssen als andere. In Blickhöhe sind nämlich meist die eher teuren Produkte positioniert.

2 Macht euch vor dem Einkaufen unbedingt eine Liste mit all den Sachen, die ihr braucht. So vergesst ihr zum einen nichts, und andererseits kauft ihr auch nicht unbedingt mehr, als ihr braucht. Das spart Geld und Zeit!

3 Ganz schlecht ist es, hungrig einkaufen zu gehen. Da besteht die Gefahr, viel zu viel einzukaufen. Da spreche ich aus eigener Erfahrung!

4 Nehmt am besten immer einen Einkaufskorb oder Taschen mit, das spart euch Geld für Tüten und ist auch besser für die Umwelt.

5 Wichtig ist natürlich immer, auf das Mindesthaltbarkeitsdatum von Lebensmitteln zu achten, damit sie nicht zu schnell abgelaufen sind und man Dinge wegwerfen muss. Da sollte man übrigens zu Hause auch regelmäßig seinen Vorratsschrank überprüfen.

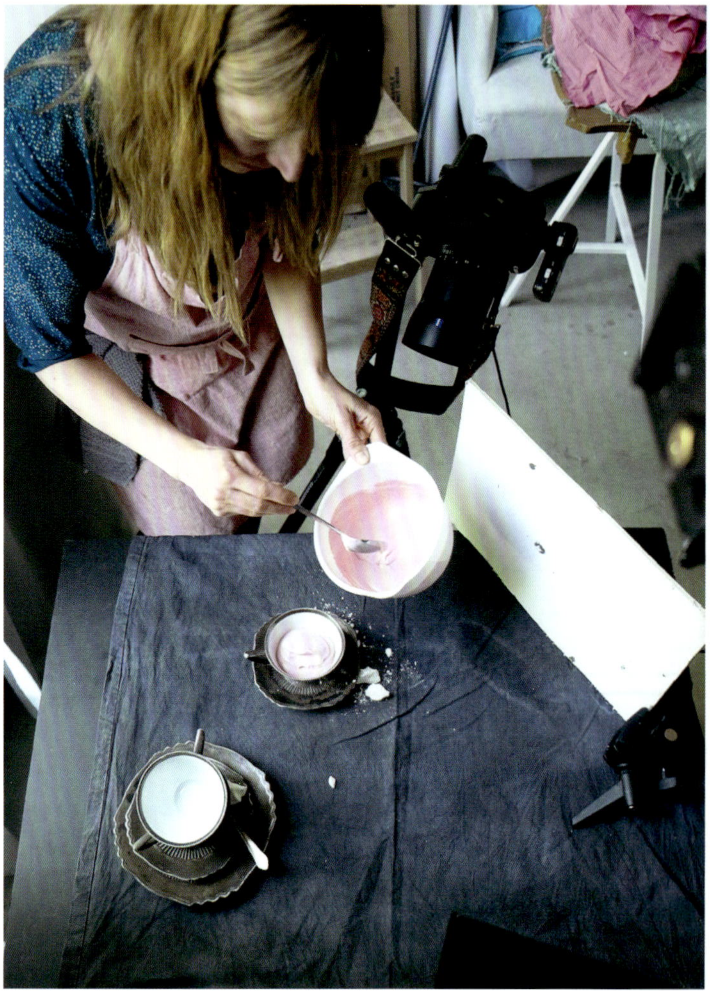

REGISTER

DANK

Ein Gericht hat viele verschiedene Zutaten – und an einem Buch wie diesem arbeiten viele verschiedene Menschen mit.
Ich möchte mich bei allen bedanken, die es mir ermöglicht haben, dieses schöne Buch zu entwickeln. Danke an Callwey für die Unterstützung und die Freiheit, die ich hatte. Seit unserem ersten Meeting hatte ich das Gefühl, ihr versteht genau, was ich mir vorstelle – und am Ende ist es sogar noch schöner geworden, als ich es mir erhofft hatte.
Danke an Juni Fotografen. Das Auge isst immer mit – durch eure Fotos bekommt man so richtig Appetit. Danke für die lustigen und köstlichen Tage mit euch!
Natürlich danke ich von ganzen Herzen auch meinem Management Bluesparrow. Binh, Sophie und Janine, ihr seid wirklich die Allerbesten, und ich wüsste nicht, wie ich das ohne euch alles unter einen Hut bekommen könnte.
Meiner Familie und meinen Freunden möchte ich danke sagen, dass ihr immer hinter mir steht und alles unterstützt, was ich mache und noch vorhabe, und dass ihr die meisten Gerichte mit mir einmal probegegessen habt. Das Buch ist fertig, jetzt müsst ihr wieder selbst kochen.
Ein großes Danke gilt meiner Mutter, die mir diesen Floh ins Ohr gesetzt hat, doch mal ein Kochbuch für junge Leute zu machen. Jetzt hast du den Salat – und noch ganz viele Gerichte mehr.
Aber den größten Dank möchte ich euch allen da draußen aussprechen. Ihr ermöglicht es mir, mein Hobby zum Beruf zu machen und so viel Spaß dabei zu haben. Ohne euch wäre das alles nicht möglich, und das weiß ich sehr zu schätzen!!

Vielen, vielen Dank!

So, genug geschleimt!

EUER JIMI

IMPRESSUM

CALLWEY
SEIT 1884

Streitfeldstraße 35, 81673 München
buch@callwey.de
Tel.: +49 89 436 00 50
www.callwey.de
Wir sehen uns auf Instagram: www.instagram.com/callwey

ISBN 978-3-7667-2374-1
1. Auflage 2018

DER AUTOR
Jimi Blue Ochsenknecht zählt zu Deutschlands wohl beliebtesten Jungstars. Singen, Schauspielern oder auch Tanzen – zahlreiche Preise wie der Bunte New Faces Award, der Undine Nachwuchspreis, eine goldene Schallplatte oder der Diva Award zeigen: Jimi Blue ist vielseitig begabt und begeistert deutschlandweit mit seinem Talent. Nun hat er sich seinen größten Traum erfüllt: ein eigenes Kochbuch. In »Kochen ist easy« beweist Jimi Blue Ochsenknecht einmal mehr, wie viel in ihm steckt. Rezepte aus dem wahren Leben, kochen für jeden Anlass und jedes Budget – das ist sein Credo. Denn: Na klar, kochen kann er auch!

DIE FOTOGRAFEN
Für die Fotografien sind das Duo von JUNI, bestehend aus Julia Schmidt und Nikolas Hagele, und die Foodstylistin Sandra Schumann verantwortlich. Gemeinsam haben sie die tollen Rezepte in ihrem Berliner Studio gekocht, verkostet und in Szene gesetzt.

JUNI Fotografen: *www.juni-fotografen.de*
Instagram: *www.instagram.com/juni.fotografen/*
Sandra Schuhmann: *www.sandraschumann.com*

HINTER DEN KULISSEN
»Was? Jimi Blue Ochsenknecht kocht? Nicht wirklich, oder? Mehr als Pasta und Tiefkühlpizza?« Vielleicht doch etwas mit Vorurteilen behaftet, was die Kochkünste unseres potenziellen Autors anging, trafen wir im Frühjahr auf den Schauspieler und Sänger Jimi Blue Ochsenknecht. Doch schnell stellte sich während des Gesprächs heraus: Das Weihnachtsmenü zubereiten für die ganze Familie, für die Jungs bayrische Schmankerl servieren oder fürs erste Date Fisch in Salzkruste zaubern, das alles ist absolut kein Problem für Jimi. Mit Witz, Charme und echter Leidenschaft hat er nun sein erstes Kochbuch im Callwey Verlag geschrieben, und wir sind uns spätestens jetzt absolut sicher: Ja, er kann wirklich kochen … und wie er das kann!

Dieses Buch wurde in CALLWEY-QUALITÄT für Sie hergestellt: Als Inhaltspapier haben wir ein Magno Satin in 150 g/m2 verwendet – ein halbmatt gestrichenes Bilderdruckpapier, dessen seidige Oberfläche dem Inhalt den gewünschten Charakter gibt und die Bilder strahlen lässt. Die Hardcover-Gestaltung spricht für sich, hier kommt das Buch fast ohne Veredlung aus, wir haben nur den Button mit einer Spot-Lackierung in Szene gesetzt.
Dieses Buch wurde in Deutschland gedruckt und gebunden bei optimal media GmbH in Röbel/Müritz.

VIEL FREUDE MIT DIESEM BUCH WÜNSCHEN IHNEN:
Projektleitung: Valerie Borchert und Raffaela Reif
Lektorat: Caroline Kazianka
Grafische Gestaltung und Satz: Anna Schlecker
Herstellung: Franziska Gassner

CALLWEY
MIT LIEBE UND SORGFALT BEGLEITET VON
V. Borchert
SEIT 1884